Ferdinand Dieffenbach

Rodenstein

Ferdinand Dieffenbach

Rodenstein

ISBN/EAN: 9783744642897

Hergestellt in Europa, USA, Kanada, Australien, Japan

Cover: Foto ©ninafisch / pixelio.de

Weitere Bücher finden Sie auf **www.hansebooks.com**

Rodenstein.

Volksschauspiel in vier Akten

von

Ferdinand Dieffenbach.

(Bühnenmanuscript.)

Darmstadt 1874.
(Selbstverlag des Verfassers.)
Druck von Chr. Friedr. Will.

Personen.

Pfalzgraf Conrad, der Hohenstaufe. (père noble, imponirende Erscheinung.)
Irmengard, seine Gemahlin. (Anstandsdame, schöne Frau.)
Georg von Frankenstein. (Väterrolle.)
Agnese von Hohenstein } dessen Nichten. (Erste Liebhaberin.)
Gertrud von Hohenstein   (Naive Liebhaberin.)
Albrecht von Rodenstein, Marschall im Heere Barbarossas. (Erster Liebhaber und Held.)
Wolf Schnellerts, kaiserlicher Wildmeister. (Charakterrolle.)
Gerold von Tannenburg. (Liebhaberrolle.)
Cyprian, Quardian des Capuzinerklosters zu Speyer. (Chargerolle.)
Heinrich, Abt des Benediktinerklosters zu Lorsch. (Heldenvater.)
Claus, Wildhübner Rodensteins. (Chargerolle.)
Dessen Bub.
Erster
Zweiter } Bürger von Heidelberg.
Dritter
Vierter
Der Herbergsvater „Zum Hirschen."
Erster
Zweiter } Lehnsmann Rodensteins.
Dritter
Ein alter Bauer.
Eine alte Bäuerin.
Erster
Zweiter } Bauer
Erster
Zweiter } Knecht des Schnellerts.
Dritter
Erster
Zweiter } Gesell.
Erster
Zweiter } Lehrbub.

} (Episoden.)

Edelleute, Bürger, Bauern, Rodenstein'sches und Schnellert'sches Kriegsvolk.

Das Stück spielt 1176 zur Zeit des fünften Römerzuges Barbarossas.

Ort der Handlung: Im ersten Akte in der Umgebung der Burg Frankenstein; Im zweiten Akte in Heidelberg; im dritten auf Schloß Rodenstein, im vierten vor der Burg Schnellerts.

Vorwort.

Die politischen Ereignisse der letzten Jahre, die Epoche des Glanzes, welche für uns seit der Wiederaufrichtung des deutschen Reiches heranbrach, darf nicht spurlos an einem Institute vorüber gehen, das gleich unserem Schauspiel so innig mit dem Leben unseres gesammten Volkes verwachsen ist. Wir bedürfen nationaler Stoffe und vor allem volksthümlicher Schauspiele, welche den Tendenzen Ausdruck verleihen, die gegenwärtig unsere Nation in Bewegung setzen, auf daß auch von der Bühne aus unser Nationalgefühl Nahrung und Kräftigung empfange.

Dieser Gesichtspunkt leitete mich bei der Abfassung des gegenwärtigen Schauspiels.

Ich versuchte durch dasselbe den Gedanken durchzuführen, daß als die erste aller Pflichten, diejenige erscheinen muß, welche wir gegen Kaiser und Reich zu erfüllen haben und daß fluchwürdig das Schicksal desjenigen ist, der diese Pflicht verabsäumt.

Als Stoff benützte ich hierzu die Rodensteinsage.

An die nahe beieinander gelegenen Burgruinen Rodenstein und Schnellerts im Odenwalde knüpft sich die Sage von einem Spuckgeist. Das Volk erzählt sich, dieser Spuckgeist erscheine, wenn Kaiser und Reich Gefahr drohe. Dann ziehe er nach Anbruch der Nacht von Schnellerts nach Rodenstein und kehre später wieder dorthin zurück, wenn die Gefahr beseitigt sei. Nie hat Jemand den Geisterzug gesehen, aber um so vernehmlicher wurde er gehört. Darin ähnelt diese Sage der norddeutschen Erzählung vom wilden Jäger. Man wollte bei dem Geisterzug Rodensteins auch deutlich Pferdegetrab, das Knarren fahrender Wagen, das Bellen großer Hunde, den Ruf: „Holla, hu," Krachen, Waffenklirren, Hörnerklang und Peitschenknallen vernommen haben.

Lange Untersuchungen wurden über dieser Erscheinung geführt und in den amtlichen, in Michelstadt vorhandenen Protokollen vom 20. September 1743 bis 11. Juni 1796 ist die oben angeführte Charakteristik des Spuckgeists durch eidliche Aussagen vieler Zeugen beglaubigt. Es sind in diesen Aktenstücken außerdem noch eine Menge anderer Mittheilungen über ihn enthalten.

Man hat die Erscheinung physikalisch zu erklären versucht, jedoch mit wenig Erfolg. Genug für uns ist, daß Rodensteins gespenstiger Zug allmählig vom Schauplatz verschwand. Zum letzten Mal verbreitete sich das Gerücht von seinem Auszug im Jahr 1848, wenigstens enthielten Zeitungen damals derartige Mittheilungen.

Die Sage bewahrt uns zwei Erläuterungen für die Entstehung dieses Spuckgeistes auf.

Nach der einen war Ritter Rodenstein ein unbändiger, fehdelustiger Ritter, ein wilder Jägersmann, den die schöne Agnese von Hohenstein in die Fesseln der Liebe schlug. Gegen ihren Willen verwickelte er sich nach kurzer, glücklicher Ehe in eine Fehde mit seinem wilden Nachbar Schnellerts. Agnese mahnte ihn ab und flehte ihn fußfällig den Kampf nicht aufzunehmen und ihr, die ihrer Niederkunft entgegensah, als Schutz zur Seite zu bleiben. Rodenstein hörte sie nicht, stieß sie zurück als sie ihm in den Weg trat, mißhandelte sie und zog nach Schnellerts. Seine Frau genas eines todten Knäbleins und starb im Wochenbette. Als Geist erschien sie Rodenstein vor der von ihm belagerten Burg Schnellerts, verkündigte ihm seinen bevorstehenden Tod und verfluchte ihn im Grab nicht Ruhe zu finden und nach seinem Tode als irrer Geist Krieg und Gefahr zu verkündigen.

Nach der anderen Erzählung war Rodenstein ein tapfrer Ritter und treuer Anhänger seines Kaisers, der noch nach seinem Tod, wenn Noth und Gefahr dem Reiche drohte, auszog von Schnellerts nach Rodenstein und gleich dem getreuen Ekkehard sein Volk als Warner mahnte.

Keine dieser Sagen ist für sich allein ausreichend als Stoff zu einem Drama. Ich hielt es daher für angezeigt, beide miteinander zu verflechten und ergänzte die zweite Sage, die im Laufe der Zeiten vielleicht manche Veränderung erlitten hat, wohl nicht sinnwidrig durch die erste. Stellen wir uns Rodenstein als einen ehedem treuen Anhänger seines Kaisers vor, welcher in einer Epoche äußerer Drangsale und Gefahren seiner persönlichen Rachbegierde, sein Familienglück und das Wohl des Vaterlands opfert, so haben wir eine geeignete, keineswegs sinnentstellende Vereinigung beider Sagen gefunden, welche uns nicht allein ausreichende Anhaltspunkte für eine wirksame Entwickelung des Charakters unseres Helden, sowie zu dramatischen Conflikten bietet, welche sobald man eine der Sagen für sich allein benützte nicht vorhanden wären, sondern es ist auch, und das erscheint uns als das wichtigste, eine tragische Schuld vorhanden, welche den Fluch seiner Gattin und die schwere Strafe, welche Rodenstein trifft, gerechtfertigt erscheinen läßt.

Eine weitere Rechtfertigung dieser Strafe müßte in der Bedeutung der gesellschaftlichen Stellung Rodensteins begründet sein, wenn sie anders als eine völlig verdiente erscheinen sollte. In der That waren die Rodensteiner ein angesehenes Adelsgeschlecht. Urkunden nennen zum Beispiel im Jahr 1265 einen „marescalcus de Rodinstein miles."

Es kam nun noch für mich darauf an für das Stück einen wirksamen historischen Hintergrund zu finden.

Ich wählte zu diesem Zwecke die ruhmreiche Regierung Friedrich I. und zwar jenen Abschnitt derselben, wo er, im fünften Römerzuge, inneren und äußeren Feinden unterlag. Denselben Gegnern, welche wir heute siegreich bewältigt haben, oder noch zu bewältigen im Begriffe sind. Es lag nahe jene Epoche, wo durch die Sonderinteressen des deutschen Adels und vieler Reichsfürsten die Aufrichtung eines mächtigen Reiches für immer verhindert wurde und Deutschlands größter Kaiser sich vor dem Papste beugen mußte, der Gegenwart als Spiegelbild vorzuhalten und mahnend der furchtbaren Catastrophe von Legnano zu gedenken.

In dieser Epoche ließ ich daher meinen „Marschall von Roden=
stein," den ich zum Träger der Sage machte, auftreten.

Bedenklich erschien es mir, den großen Kaiser selbst in das Stück
zu verflechten. Einmal fühlte ich meine Kräfte hierzu nicht aus=
reichend und dann eignet sich eine Persönlichkeit, welche gleich Bar=
barossa schon so tief mit dem Nationalbewußtsein verwoben ist und
historisch so genau fest steht, nicht zur freien poetischen und nament=
lich dramatischen Gestaltung.

Ich wählte statt ihm seinen weniger bekannten Bruder, den
Pfalzgrafen Conrad, den Begründer Heidelbergs, wodurch das Schau=
spiel zugleich ein für mich sehr erwünschtes Lokalcolorit erhalten
konnte. Pfalzgraf Konrad und seine Zeit versuchte ich, so gut es
thunlich, historisch getreu zu schildern. Ich gesellte ihm seinen Freund,
den Abt Heinrich von Lorsch zu, dem ich, als dem Vertreter des
nationalen Gedankens, nachdem Rodenstein abtrünnig, sogar eine der
wichtigsten Rollen im Stücke zugetheilt habe. Auch er ist, soweit es
die dürftigen historischen Urkunden zulassen, historisch getreu geschil=
dert, obwohl ich sein Bild theilweise durch Charakterzüge des späteren,
ihm gesinnungsverwandten Elsäßer Predigers, Geiler von Kaisers=
berg, ergänzt habe.

Ueber Form, Gestaltung und Aufbau meines Stückes, bemerke
ich nur noch, daß ich vor allem die Interessen der Bühne im Auge
hatte. Meine höchste Befriedigung ist es, wenn den Anforderungen,
welche diese stellt, derart genügt ist, daß es berufen erscheint, zu dem
großen nationalen Werke, auch sein Scherflein beitragen zu können

Darmstadt, 6. März 1874.

Ferdinand Dieffenbach.

Erster Akt.

Die Scene stellt eine Waldlichtung vor, in der am Hintergrund man Schloß Frankenstein erblickt. Es kann jedoch auch eine andere Decoration aus der Umgebung von Darmstadt gewählt werden.

Einige Tonmalerei des Orchesters versinnlicht dem Zuhörer, daß er Zeuge einer Jagd ist. Am besten wird zu diesem Zwecke eine Introduktion im Style derjenigen zur Jagdscene in Wagners „Tannhäuser" ehe die handelnden Personen auftreten gespielt, jedoch muß die Musik hinter der Scene aufgestellt sein.

Erste Scene.
Agnes und Gertraud kommen im Jagdcostüm.

Gertraud.
Neschen, Du weißt nicht, was Dir fehlt. Sieh, wenn mir so ein schmucker Ritter käme, würd' ich sagen: Da, da, habt Ihr mich und mich nicht lange sperren und spreizen.

Agnes.
Sei still, das verstehst Du nicht.

Gertraud.
Versteh' ich nicht, ich? Den ganzen Tag denk' ich ja nach über's Heirathen und wenn man so ein ganz Jahr darüber nachdenkt, muß man's doch schon zu einigem Verständniß gebracht haben; wenigstens versteh' ich mehr wie Du und würd' ich eine so schöne Gelegenheit, nicht fahren lassen.

O wie unglücklich bin ich, daß wir da oben auf dem Frankenstein hausen müssen, wohin wohl Fuchs und Wolf, niemalen aber ein ehrl'cher Rittersmann sich verirrt.

Agnes, wenn Du wüßtest, wie verliebt ich bin?

Agnes.
Wenn Du wüßtest, wie mir's wäre, Trudchen, Du würdest mich mit dem kindischen Gered' verschonen.

Gertraud.

Wird Dirs wohl anders sein als mir. Willst Du etwa **ledig bleiben**. Ach, mir träumt fast jede Nacht von einem hübschen, stolzen Ritter, der vor mir auf's Knie fällt und mir die Lieb erklärt. Und immer kommt er nicht, und ich bin doch nun schon achtzehn Jahr alt. Und Du, der Dir der schöne Rodenstein so gerade in den Wurf läuft, Du **magst** ihn nicht! Ach, wenn er nur zu mir käm.

Agnes.

Ganz unbeschreiblich, übermenschlich lieb' ich ihn und doch flößt er mir **Furcht** ein.

Gertraud.

Das ist ganz recht, **fürchten** sollst Du auch Deinen **Zukünftigen**, denn es heißt ja, das Weib soll dem Manne unterthan sein. O, mit Deinen Bedenken, ich versichere Dich Neschen, Du kömmst noch unter das alte Eisen!

Agnes.

Immer noch besser als unglücklich.

Gertraud.

Wird man immer unglücklich, wenn man heirathet. Ledig bleiben heißt unglücklich sein. Wenn ich dran denke, wenn ich bei einer Schwester oder Anverwandten von der Gnade leben sollte, halb Familienglied halb Dienstbot', wenn ich anderer Leute Kinder tragen müßte, puh es graust mich. Schau Dir geht's gerade wie der schönen Bertha von Hoheneck. Der war immer keiner gut genug; jetzt sitzt sie zu Neuburg im Kloster und das geschieht ihr recht. Sieh', wenn mir einer kommt, wenn 's auch kein Baron, wenn 's auch nur ein reicher Kaufmann ist, ich nehm ihn. Der schlecht'ste Mann ist immer noch besser als so ein Himmelsbräutigam!

Agnes.

Wenn Du nicht bald aufhör'st werd ich böse.

Gertraud.

Ich bin böse und hab' ein Recht drauf es zu sein. Sieh' Du bist die ält'ste von uns beiden. Man hat's schon mehr erlebt, daß einer der die jüngste Schwester freite, die ält'ste nehmen mußte, weil die noch ledig war.

Agnes.

Ich weiß nicht, was das ist, ich fürchte mich vor Rodenstein und doch ist mir's nicht wohl, wenn er nicht in meiner Nähe ist.

Gertraud.

Da hast Du's ja. Drück Dich nur deutlich aus und denk drüber nach, wie Dir's um's Herz ist. S'ist Dir nicht wohl, wenn er nicht in Deiner Nähe ist, das ist die **Hauptsache**, für's fürchten kannst Du sorgen. Schau, wir **Weiber** führen doch immer das Regiment. Fang 's hübsch klug an und Du hast ihn nicht zu fürchten.

Agnes.

Ist auch des Lebens Ernst Dir fremd, so weiß doch Deine geläufige Zunge rasch für alles Rath und eh' ich's ahn', verscheuchst Du mir die Grillen.

Gertraud.

So ist 's recht Neschen, das Heirathen ist nicht so schlimm, wie Du Dir's denkst. Du wirst schon lernen Dich darein zu finden.

Aber über dem Gerede haben wir unsere Gesellschaft ganz aus dem Aug verloren, kein Mensch ist weit und breit und schon sinkt die Sonne.

Agnes.

Wahrhaftig ja, das abendliche, gelbe Licht und die dunkelen Schatten der fernen Berge künden schon die Nacht an, die herannaht und die Jagd ist weit von uns entfernt.

Gertraud.

Sieh', da kommen Wildhübner.

Zweite Scene.

Claus, der **Wildhübner** und sein **Bub** treten auf. (Der Bub schleppt Jagdgeräthe).

Agnes.

Wo sind wir Claus!

Claus.

Eur Gnaden sind weit abgekommen von der Jagd. Den Bordenberg nennt man die Gegend. Hier stehen die schönsten Buchenstämme in dem ganzen Wald.

Gertraud.

Sagt uns, wo ist unser Oheim.

Claus.

Ritter Frankenstein ist weit, doch unten in dem Grund dort sind Rodenstein und die anderen. Hört Ihr eben ruft ihr Hifthorn.

(Hifthörner.)

Gertraud.

Komm, laß uns hinuntersteigen. Geschwind zu unseren Rittern, ich fürchte mich allein hier in dem Wald. (Beide ab.)

Claus.

Zwei prächtige Fräuleins. Wenn es ihnen nur recht gut geht in der Welt.

Nun, wie gefällt Dir 's Bub?

Bub.

Gut Vater, s' ist ein fröhlich Leben in dem Wald.

Claus.

So ist 's recht, ich hätt' Dich auch grün und blau geschlagen, wenn Du was anderes geantwortet hättest. Sieh, der Bauer ist ein elender Kerl, er muß Frohndienst leisten und ist, weiß Gott, nicht besser d'ran als wie das liebe Vieh. Unser Waidwerk wird geehrt und Rechte und Vergünstigungen werden uns zu Theil, wie keinem anderen.

Bub.

Ja Vater und Dein schönes Jägerkleid und Speer und Armbrust, die Du führen darfst. Und dann der grüne Wald, die frische, kühle Luft in der wir hier hantiren.

Claus.

Gib Dir Müh' Du Schlingel und werd ein tüchtiger Jäger, dann wirst auch Du ein Förster, so wie ich; dann bleibst auch frisch, gesund und kräftig und keine Grillen und Sorgen gibt es, die Dich drücken.

Bub.

Sorgen hab ich keine Vater.

Claus.

Jetzt schon, wär auch gar zu früh; Komm frisch wir gehen weiter pack auf das Jagdzeug! (Beide ab.)

Dritte Scene.
Schnellerts und Tannenburg treten auf.

Schnellerts.

Die Pest hol' diesen Rodenstein, den verfluchten Glückspilz!

Tannenburg.

Ich bitt' Euch Schnellerts, bewältigt Euren Zorn. Der Rodenstein ist mir ein lieber Freund und nimmer duld' ich, daß Ihr ihn schmält wo er nicht Rede stehen kann.

Schnellerts.

Freund oder nicht, das scheert mich wenig. Doch ihr wißt ja, was geschehen. Sagt, ist das nicht zum Rasendwerden. Den Eber, den meine Hunde aufgetrieben, den fing er auf mit seinem Speer und ich hat das Nachsehen, nur weil ich wenig Schritte rückwärts stand.

Tannenburg.

S' ist Jagdglück, wer kann das ändern.

Schnellerts.

Wenn's nur der lump'ge Eber wäre, meinetwegen, aber seht, wo 's was zu fischen gibt, da hat es dieser Rodenstein an seiner Angel. Weiber- und Fürstengunst, Jagdglück, kurz, alles was man will, das hat er und anderen dreht diese Metze Fortuna stets den Rücken.

Tannenburg.

Wie könnt Ihr darum aber so in Harnisch gerathen, das Glücksrad dreht sich. Auch Euch zeigt das Glück noch einst ein freundliches Gesicht.

Schnellerts.

Beim Teufel mag mir 's bleiben, aber daß es an einem solchen Laffen seine Gunst verschwendet, das verdrießt mich. Ist 's nicht zum Lachen das Geliebel mit des Frankensteiners Nichte?

Tannenburg.

Der Rodenstein, wenn er sie heimführt, mancher Ritter wird ihn neiden. Sie ist schön, sittsam, tugendreich und trefflich als Hausfrau führt sie ihrem Ohm die Wirthschaft.

Schnellerts.

Ja sie hat gelernt, wie man ihres Oheims vierzehn hungrige Mäuler mit Brod und weißen Rüben stopft, aber mit dieser Kunst ist einem Ritter nicht geholfen.

Da, da Vetter, in der Tasche muß es rappeln, wo sich ein ächter Edelmann die Braut aussucht. In den paar Misthaufen und Strohdächern, die er sein Ober-Kainsbach heißt, kann er keine Schätze sammeln.

Tannenburg.

Sieh da, Ihr ärgert Euch wohl gar darüber.

Schnellerts.

Zum Wetter, ja! Der Rodenstein er ist mein Jugendfreund. Als Pagen wurden wir zusammen aufgezogen am Hofe des Pfalzgrafen Hermann von Stahleck; ich der ältere, er der jüngere.

Wochenlang hat er mit mir gejagt, gezecht!

Ich dacht ihm eine reiche Frau zu freien und lud ihm zu Liebe meine Base Bertha von Stahleck zum Turnier nach Worms. Ich winkt ihm mit dem Scheunenthor, sagt ihm, es sei eins der reichsten Edelfräulein in der Pfalz; sie, sie schickt ihm gar noch einen Kranz auf dessen Schleife sie ihren Namenszug gezeichnet.

Was meint Ihr, daß er that —, kaum, daß er dankte und Abends als die Geschlechter auf dem Rathhaus zu dem Tanz erschienen, tanzt er nur mit dem Frankensteiner Gänschen.

Tannenburg.

Nun, so vergeßt es, er wollt Euch nicht beleidigen und daß er eine andere als Eure Base liebte, könnt Ihr ihm nicht verargen.

Schnellerts.

Vergessen — ich? den Schimpf, mein Lebtag nicht. Bei den Wunden des Erlösers schwör' ich's, daß ich 's ihm nie vergesse wie er damals mich und meine Base zum Gespött der Welt gemacht.

Auf ew'ge Zeiten sind die Stahlecks meine Feinde!

Noch seh ich's, wie die Edeldamen alle die Nase rümpften; noch hör' ich das Gespöttel und Gezischel.

„Warum, Stahleck habt Ihr in das Kränzlein nicht auch Vergißmeinnicht gewunden, sucht Euch nun Augentrost für Euren ungetreuen Freier."

Höll' und Teufel und wenn ich auf dem Todtbett liege, verwind ich's nimmer.

Tannenburg.

Zu prüfen was Ihr sagt, ist mir nicht möglich. Doch bitt' ich mäßigt Euch. Haltet Ruh' und Friede. Seht dort kommt Rodenstein und Agnes. Es ist besser, wir gehen seitwärts, denn ich fürcht' nichts Gut's, wenn Ihr zusammentrefft. Stört nicht die Jagd. Kommt spüren dem Wild wir nach, das bringt Euch bessere Gedanken.

Schnellerts.

Meinetwegen sei es. Ihr habt Recht. Ich fühl's; grausig Unheil bricht noch über ihn und mich herein. Nicht meiner selbst mehr bin ich Herr. Willenlos folg' ich dem Dämon, dem unser Schicksal, sein's und mein's verfallen ist. Noch schlummert er, sorgt, daß zu zeitig wenigstens er nicht erwacht.

(Beide ab.)

Vierte Scene.
Rodenstein und Agnes treten auf.

Rodenstein.

So halte doch, Deiner Füße Schnelligkeit beschämt das leichtgebaute Reh. Ich hab' schon längst Dich zu erhaschen aufgegeben.

Agnes.

Wirklich? Da habt Ihr Recht!
Nach Weibern laufen,
Fische fangen, Vogelstellen,
Verdarb schon manchen Junggesellen.

Rodenſtein.

Wie Agnes, das ſagſt Du von mir, von Dir.

Agnes.

Warum denn nicht, es paßt auf uns, wie auf die anderen.

Rodenſtein.

Paßt auf uns, nein es paßt n i c h t. Bin ich ein leichtſinniger Weiberjäger, der jeder Schürze nachgeſtellt; der leichtfertig wie ein K n a b e um Dich wirbt, oder hab' ich als M a n n um Dich gefreit.

Agnes.

Da wirſt Du ſchon wieder heftig. Kannſt Du denn gar nichts hören, wenn 's nicht ganz d e m g l e i c h t, was Du gern hören willſt.

Albrecht, Du weißt, ich liebe Dich.

Als damals auf kräftigem Rappen Du die Franken niederranntest, gefielſt Du mir in Deinem Zorn, und ich geſteh's, bewundernd ſah ich Dir in's glühende Angeſicht, wenn nach jedem Gange Du Luft ſchöpfteſt und den ſchweren Turnierhelm vom Haupt nahmſt. Damals ſchon gehört ich Dein, noch eh' ich Dich bekränzen durfte, noch ehe Du um mich warbſt. —

Und doch hat Dein Beſitz g a n z glücklich mich nicht gemacht, zu= weilen kömmt was über mich, faſt möcht Furcht ich's nennen und doch möcht' ich ſo nicht ſagen, denn wo L i e b e iſt, hat F u r c h t nicht Raum.

Rodenſtein.

Nun rede offen. Du ſiehſt ich höre alles willig an.

Agnes.

So lang Du bei mir biſt, kömmt die Beſorgniß nicht bei mir auf, doch wenn Du weg gehſt, kommen mir die Bedenklichkeiten eh' ich's ahne und umſchleiern meine ſonſt ſo frohe Seele.

Rodenſtein.

Dafür kann Rath werden. Iſt Dir's nur wohl ſo lang ich bei Dir bin, ſo braucht's ja nur, daß ich auf immer bei Dir ſei, um Deine Sorgen zu verſcheuchen.

Agnes.

O übereil Dich nicht. Du weißt, noch bindet uns kein Ring kein Priesterwort. Sieh' zu und warte ab, ob ich Dich dauernd kann befried'gen.

Rodenstein.

Und warum zweifelst Du daran?

Agnes.

Sieh' Albrecht, ich denke: Du warst am Kaiserhof, Du sahst Welschland und das Morgenland. Du bist an ein munteres, üppiges Leben gewohnt, dem Du nicht lang entsagen kannst. Dich freuten fröhliche Gelage und holder Minnedienst, wie soll ich für alles Das Ersatz Dir bieten.

Rodenstein.

Du gut's bescheidenes Kind!

Agnes.

Wirst auf Deinem kleinen Schlosse Du Ruhe und Behagen finden? Du hast das Vaterland vergessen; die Erinnerung an seine Noth ist Dir entschwunden in dem Ueberfluß des Südens.

Erinnerst Du Dich noch daran, daß unser Odenwald arm ist.

Wirst Du, wenn ein Mißjahr kommt, wenn Deine Bauern Dir nur mag'res Stroh statt reicher Aehren bringen, Dich dann mit wenigem begnügen, mit dem armen Mann, das wenige, was Du besitzt, noch theilen können.

Rodenstein.

O Agnes, glaubst Du, ich der Kriegsmann, sei so verwöhnt, daß ich nur nach Ueberfluß begehre.

Denkst Du, ich habe nie die Noth gekannt?

Wahr ist's, den auf dem Kriegszug in dem warmen Süden drückt sie nie so schwer als den, dem sie zu Haus im kalten Zimmer mit unausstehlicher Beharrlichkeit Gesellschaft leistet.

Auch ward uns stets reichlicher Ersatz für unsere Mühe und ein Tag am Busen von Neapel, am goldnen Horn, auf Cyprens blüh'nder Insel entschädigt für ganze Wochen, ja Monate voll Noth.

Aber, glaub' mir's Agnes, so schön Italien, Griechenland, Klein-
asien auch im Glanz der Sonne strahlen, nie boten sie für die Wonne
mir Ersatz, die auf der Heimath Boden mir entgegenlacht. Gern
miß ich diesen ewig blauen Himmel in unseren kühlen, frischen Buchen-
wäldern, unseren Wein ihn tausch' ich gerne gegen Cyprier ein, und
Du o Agnes, mit Deinem Blick so treu so hold, Dich möcht' ich nicht
missen, um des Griechenkaisers Glanz und Pracht und Gold!

Agnes.

Schlag jetzt mich nicht zu hoch an, aber acht in späteren Tagen
auch immer mich dann so viel werth, als Du zuerst mich schätztest.
Was jetzt ich fordere scheint Dir im Augenblick gering, später ist die
Last vielleicht Dir unerträglich.

Rodenstein.

So sprich, was verlangst Du so schwieriges denn von mir.

Agnes.

Wenn Du mein sein willst, so sei 's auch ganz. Sieh' Vetter,
ich kann's nicht lassen, ich muß Dir sagen, halt Dich von dem Zecher
dem Schnellerts fern. Er ist Dein Jugendfreund, Dein Nachbar,
aber meide ihn, thu 's mir zu Lieb'. Er ist ein wüster Schlemmer,
Raufbold und tückisch hämischer Geselle. Zu dem ist er des Kaisers
Feind!

Rodenstein.

Wenn man mit einander aufgewachsen duldet man manch' üble
Angewohnheit, wie ich von Schnellerts.

Deinen Rath aber kann ich nicht mißbilligen, allein kaum glaub'
ich, daß er von Nöthen. Seit der Geschichte mit seiner Base ist's
zwischen uns gewaltig kühl geworden.

Agnes.

Ein Glück für Dich, denn manchmal hab' ich mich um Dich ge-
grämt, wenn ich Dich mit dem wüsten Kumpan zusammensah. —
Aber, das ist's nicht allein.

Sieh, Du bist so gut, so lieb, so edelmüthig und uneigennützig,
daß ich um alles weitere unbesorgt auf Dich vertrauen würde, wenn

nur Dein grenzenloser Zorn, der bei jeder kleinen Unbill auflodert, mich nicht mit bangen Ahnungen erfüllte. Um jedes Stück Wildes Willen, das vielleicht aus Unverstand ein Jäger auf Deinem Boden schießt, liegst Du in Fehde mit den Nachbarn.

Denk in Zukunft an Dein Weib, das Du in ein Meer von Sorgen stürzest und thu es nicht, versprich mir, nur dann auf Fehde auszuziehen, wenn Du mich gehört, denn fortan gehörst Du mir.

Rodenstein.

Von Herzen gerne thu' ich's liebe Agnes, wenn Dich das beruhigt.

Agnes.

Vergiß es nicht, ich halte Dich bei Deinem Ritterwort!

Rodenstein.

Du hast es, Dein gehör' ich. Nur an eine Clausel muß ich mein Versprechen binden. Dem Kaiser Rothbart hab' nach heißer Schlacht in Welschland, in der die Seinen mich herausgehauen, ich den Eid geleistet, die Hostie d'rauf genommen und meiner Seele ew'ges Heil verpfändet, daß, wenn je der Welsche des Reiches Grenzen sollt bedrohen, der Rodenstein mit seinem ganzen Heerbann auszieht, zu helfen seinem Kaiser, ohne Rücksicht auf eigene Gefahr.

Das Gelübde das damals ich gethan, es bindet mich, so lang ich lebe.

Agnes.

Kein Recht hab ich daran zu deuteln. Und wenn's auch wäre, würd' ich's. Das wär' kein deutsches Weib, die zu Hause ihren Gatten duldet, wenn welscher Kriegsruf an der Grenze schallt; Das ist kein deutscher Edelmann, kein Fürst, der Weib und Kind sein Alles mit Freuden nicht verläßt, wenn's Hülfe gilt dem Kaiser!

Rodenstein.

Agnes, werd mein Weib! (Beide umarmen sich.)

Fünfte Scene.
Agnes.
Still, horch auf! — —
Rodenstein.
Was gibts?
Agnes.
Mir war's als hörte ich Geschrei und Hülferuf.
Rodenstein.
Es war wohl nur die Eule, oder der aufmerksame Häher, der des Wildes und der Menschen Nahen verkündet.
Agnes.
Nein ich täuscht mich nicht, hör' nur, es kommt näher.
Alte Bäuerin (hinter der Scene).
Helft, meinem armen Manne helft!
Knechte des Schnellerts.
Schlagt zu auf das schlechte Bauernpack.
Knechte.
Schlagt zu, drauf!
Bauern.
Zu Hülfe, zu Hülfe, wer schützt uns. (Getümmel.)

Bauern von den Knechten verfolgt auf die Scene stürzend.
Knecht.
Da hast Du was, Sieh' wer Dir 's abnimmt.
Bauer.
Hallunke, Leuteschinder, da nimm die Antwort.
Anderer Bauer.
Wehrt Euch, wenn uns Niemand hilft.

Durcheinander, Bauern und Knechte einander bei den Kehlen packend, Rufe:
Knechte.
Drauf, schlagt sie todt, die Schufte!

Bauern.
Schützt uns gnäd'ger Herr!
Knechte des Schnellerts wollen sie wegreißen.

Knecht.
Fort schmutz'ge Bauern, ein Ritter wird wohl um Euch sich kümmern!

Agnes zu Rodenstein.
Es sind von meines Oheims Leuten.

Rodenstein.
Zurück, Niemand von Euch untersteh' sich hier **Gewalt** zu brauchen. Sprecht, was ist der Gegenstand des Zanks.

Knecht.
Sie haben sich geweigert unserem Herrn zu treiben.

Bauer.
Ja, es ist wahr, weil wir's nicht **brauchen**; Wir sind **Frankenstein'sche**; niemand hat uns zu befehlen als unser gnädiger Herr, Herr Georg von Frankenstein.

Knecht.
Unser Herr jagt hier auf Frankenstein'schem Boden und bei wem die Jagd gehalten wird, der liefert auch die Treiber, das ist Bannrecht!

Rodenstein.
Holla, he, wer sagt Euch denn, daß jeder Jäger seine eigenen Treiber fordern dürfe. Wenn's dem so wäre, hätte man's befohlen, nimmer aber ziemt es Euch die Treiber aufzubieten.

Knecht.
Unser Herr hat's uns befohlen.

Rodenstein.
Ich kann's und will's nicht glauben, Ihr habt ihn nicht recht verstanden.

Knecht.
Da kommt er selbst; er kann Euch beßre Auskunft geben.

Sechste Scene.
Schnellerts und Tannenburg treten auf.

Schnellerts.
Was gibt's, wird's bald! bringt Ihr die Treiber oder nicht?

Rodenstein.
So ist es wie die Knechte sagen, Ihr wißt doch Schnellerts, daß die Treiber wie die Jagd gemeinsam sind.

Schnellerts.
Wenn mir's beliebt für mich zu jagen, wollt Ihr mir's wehren

Rodenstein.
Ihr habt kein Recht hier Treiber aufzubieten!

Schnellerts.
Habt Ihr ein Recht mich d'ran zu hindern?

Agnes.
Ich hab' das Recht, es sind von meines Oheims Bauern.

Rodenstein.
Und ich, ich hab' der Menschenpflicht gehorcht und sie vor Eure Knechte Uebermuth geschützt.

Alter Bauer.
Ja, das habt Ihr Ritter und Gott lohn's Euch. Seht Herr wir entrichten willig unseren Zehnt und leisten unsere Frohn, denn unser Herr ist uns ein gütiger, gnädiger Herr! Und sollt er heischen selbst was wir nicht schuldig sind, wir würdens ihm zu Liebe ohne Murren thun; auch heut würden wir freiwillig Treiberdienst geleistet haben, aus Lieb' zu unserem Herrn, als dessen Gast der Ritter hier ist

Bauern.
Ja wohl, er hat Recht!

Bauer.
Niemand hat des Herren Knechten ein böses Wort gegeben. Sie kamen auf uns zu und schalten uns zum Willkomm: „Träges Bauernpack, scheert Euch fort, schließt einen Kreis und treibt das Wild

Anderer Bauer.

und als die grobe Anred' nicht gefiel, da folgten Peitschen-
ppenstöße.

Bäuerin.

ich hab's gesehen, ist alles, wie er sagt; meinen armen Mann,
sie habe ihn grün und blau geschlagen!

Bauer.

Wir sind zwar nur Bauern, aber immer noch mehr als adeliger
Herren Troßknechte, Hundejungen und Tellerlecker.

Schnellerts.

weig, Unverschämter, oder Deine Frechheit sollst Du büßen.
Euch jetzt, wollt Ihr gehorchen und treiben?

Die Bauern durcheinanderrufend.

o, wir brauchens nicht!

Knecht.

Wenn der Bauer nicht muß,
Rührt er weder Hand noch Fuß!

Schnellerts.

meißt sie, daß der rothe Saft davon läuft!

Knecht.

wärts verfluchte Lauren!

Knechte dringen auf die Bauern ein, die sich wehren.

Knecht.

rt Ihr Schufte!

Rodenstein das Schwert ziehend.

ilt, wer untersteht sich hier Gewalt zu brauchen. Unter mei-
Schutze stehen die Leute.

Schnellerts.

Herr Ritter, wie eifrig! Hütet Euch vor dem Gaugericht.
ijsers Wildmeister bin ich nnd hab' als solcher im kaiserlichen
der zwischen Rhein, Main und Neckar liegt zu jagen.

Rodenstein.
Das habt Ihr nicht; Der Kaiser und sein Wildmeister üben in dem Forst den Wildbann aus, das ist wahr und ich bestreits nicht, gewiß ist aber auch, daß der Wildmeister nicht mehr Recht hat, als der Kaiser selbst.

Schnellerts.
Läugnet Ihr vielleicht, daß es dem Kaiser Treiber aufzubieten zusteht.

Rodenstein.
Ja, das thu ich. Wenn's die Bauern thun, so geschiehts aus Lieb' und Anhänglichkeit zum Kaiser, ihre S c h u l d i g k e i t ist's nicht.

Schnellerts.
Wie, wagt Ihr mir zu widersprechen, es ist ein altes Recht und Herkommen.

Rodenstein.
Kein Recht ist's. Des Kaisers Weisthum sagt: „Wenn der Kaiser in seinem Forst in einen Hof kommt und dort ruhen und essen will, soll man ihm Weizenstroh liefern, und so er von dannen fährt, soll er dem Hübner soviel zurücklassen, daß er acht Tage davon leben kann."
Nur Weizenstroh verlangt der Kaiser. Wollt Ihr wohl mehr?
„Ein Fürst und Herr soll von seinen Unterthanen wenig h e i s c h e n, s i e a b e r r e i c h l i c h s e i n e G r o ß m u t h e m p f i n d e n l a s s e n," sagt das Weisthum. „Er soll soviel zurücklassen, daß der Hübner und sein Gesind acht Tage davon leben kann."
Merkt drauf Herr Schnellerts, dieweil Ihr hier des Kaisers Recht in Anspruch nehmt.

Bauer.
Da hast Du's, Geizhals, Leuteschinder!

Anderer Bauer.
Nehmt Euch ein Beispiel dran Herr Schnellerts!

Erster Bauer.
Seht nur, er thut ja wie der Teufel im Weihwasserkessel!

(Bauern lachen.)

Schnellerts.
Verwünschter Zungendrescher. Soll ich zum Gespött der Bauern werden. Ich brauche keine Unterweisung von Dir Milchbart!
(Zieht.)
Tannenburg.
Haltet ein, ich bitt Euch, wollt Ihr den Tag in Unfried enden!
Schnellerts.
Laß mich, oder ich morde Dich und ihn!
Agnes.
Helft Leute, den Wüthenden bewältigen!
Bauern packen den Schnellerts, Knechte versuchen ihn frei zu machen.

Siebente Scene.
Frankenstein und Bewaffnete treten auf.
Frankenstein.
Welch' lauter Streit schallt durch des Waldes Frieden?
(Schnellerts, welcher nicht antwortet ansehend.)
Alter Bauer.
Verzeiht gnäd'ger Herr, wir sind des Zwists unschuld'ge Ursach. Der Ritter hier hat unbilliges von uns verlangt und Ritter Rodenstein nahm uns in Schutz,
Frankenstein.
Ist's so?
Rodenstein.
Ja er spricht wahr. Des Schnellerts Troßknechte wollten die Bauern zum Treiben zwingen und ich litt's nicht.
Schnellerts.
Zum Gespött der Bauern hast Du Bube mich gemacht, den ganzen Ritterstand hast Du beschimpft.

Rodenstein will auf ihn drein, Agnes hält ihn ab.
Den Buben geb' ich Dir zurück und auch den Vorwurf, den Du gegen mich erhebst. Du selbst hast Dich hier zum Gespött gemacht; es braucht kein anderer Deiner noch zu spotten.

Frankenstein.

Ich bitt Euch Schnellerts, laßt dies' tolle Schreien und Wüthen. Rodenstein ist mein Gast wie Ihr und nimmer duld' ich, daß Eure lose Zunge in meiner Gegenwart ihm Unbill zufügt.

Schnellerts.

Ich steh' hier allein, Niemand ist für mich. Vergeblich wäre der Versuch mein Recht hier zu vertheidigen. Doch blut'ge Genugthuung verlang ich für die mir zugefügte Unbill. Hier, Ritter Rodenstein, mein Handschuh!

Agnes fällt Rodenstein um den Hals.

Denk' an das Versprechen, das Du heut' mir gabst, keine Fehde, hör' nicht das Schelten des Rasenden.

Rodenstein.

Den Handschuh nehm ich nicht. Eur' jähzornig Gemüth hat zu weit Euch fortgerissen und Morgen thut Euch leid, was heute Ihr gesprochen. Morgen denkt Ihr nicht mehr des Streits, der heute uns entzweite und alte Freundschaft tritt in ihre Rechte ein.

Schnellerts.

Nichts von Freundschaft zwischen Dir und mir. Ich frage noch=mals: Nimmst Du den Handschuh?

Rodenstein (nach langem Kampfe, in welchem Agnesens Einfluß siegt).
Nein!

Schnellerts.

Feiger Prahlhans, Maulheld, Lotterbube, bleib hier bei Deinem Bauernpack, doch wehe Dir, wenn anderwärts sich unsere Wege kreuzen!

(Nimmt den Handschuh auf, und geht mit Trost ab.)

Achte Scene.
Alle ohne Schnellerts.

Rodenstein.

O, Agnes, was forderst Du von mir? Mein Kopf er glüht, von Furien gepeitscht, jagt das Blut durch meine Adern — die Sinne schwinden mir, in tollem Kreisel jagt alles um mich. Beschimpft vor Dir, vor aller Welt steh' ich nun da. Hab' darum ich mich mit dem Sarazen' vielhundertmal gemessen, des Italieners Dolch und Gift getrotzt, um in der Heimath der losen Zunge eines elenden Wüstlings zum Stichblatt noch zu dienen?

Agnes.

Zürne mir nicht! Wer wirb's wagen Dich der Feigheit zu beschuldigen. Du, den der Kaiser selbst zu seinen besten Mannen zählt. Freu' Dich über diesen Tag, als dem, an welchem Deine Liebe zu mir über Deine wilde Leidenschaft den ersten großen Sieg errang. Ich hab' auf eine **harte** Probe Dich gestellt; doch säum' ich nicht Dich zu belohnen. Verscheuch' die bösen Wolken auf der Stirn; vergiß den wüsten Zank und erinnere Dich, daß Du von nun an mein gehörst.

Rodenstein.

Kein zweitesmal stell' mich auf solche Probe.

Tannenburg.

Niemand wird's wagen, Euch zu tadeln!

Mehrere Ritter.

Wir alle treten für Euch ein!

Tannenburg.

Es ist ein wüster Gesell', ein Neidhammel. Er sieht scheel auf Euren Kriegsruhm. Und doch ist noch nie dem kaiserlichen Heerbann er gefolgt. Schmutzige Fehden führt er mit den Nachbarn und schimpflichen Raub betreibt er auf den Straßen. Zu dem hält er's mit dem Papst und mit des Kaisers Feinden.

Frankenstein.

Auch ich gehör' zu denen, die Eure Sache zu der ihren machen. Vom heut'gen Tag an bin ich Euer Schuldner, seit Ihr die armen Leute hier beschützt! Gern wollt' ich's lohnen, wenn ich wüßte wie ich's könnte.

Rodenstein.

O dazu weiß ich Rath. Ein kostbar Gut vermag mir Eure Hand zu geben. Ihr wißt, ich liebe Eure Nichte Agnes, ihr Jawort erlangt ich heute, fügt zu dem ihren noch das Eure!

Agnes.
Ei Schwesterchen, das hast Du brav gemacht.

Frankenstein.
Von Herzen gerne. Schon längst ist mir Herr Rodenstein ein lieber Freund, den mit Stolz ich meinen Eidam nenne. Lang sah ich's schon und gern ließ ich 's geschehen und freut mich Eurer Liebe. Ich kenne Deinen wackeren Sinn und vertrau' Dir ruhig meiner Nichte Glück!

Rodenstein.   Agnes.
Dank lieber Vater!   (Beide umarmen ihn.)

Gertraud.
Meinen Glückwunsch Schwester und Euch Herr Ritter! Heut' Abend denk' ich schon an 's Hochzeitsgeschenk, das ich Euch verehren will.

Tannenburg.
Unserer Aller Glückwunsch hier dem neuverlobten Paar. Hoch dem Bräutigam und Hoch der Braut.

Alle.
Hoch, Hoch, Hoch!

Bauern und Bäuerinnen, die sich während der vorhergehenden Scene mit Schnellerts zurückgezogen, treten näher.

Alte Bäuerin.
Wenn's Euch gefällt, so nehmt auch unseren Glückwunsch mit in die Ehe. Er kömmt von Herzen.

Agnes.
Sieh da, die alte Grete! Ei gewiß! Wer so wie Ihr an siebenzig Jahre ein gottgefällig Leben führt, deß Fürbitt' gilt wohl viel bei unserem Vater oben.

Alter Bauer.
Auch meinen Glückwunsch nehmt! Gott geb' Euch lange ruhige Jahre, Glück und Zufriedenheit.

Alte Bäuerin.

In Gottes Rathschluß steht die Zukunft, manchem dem der Morgen lacht, dräut am Abend schon ein Unhold und gerade der Jugend legt der Böse seine Schlingen. Doch glaub' ich sicher, Euer Ritter hält Euch lieb und werth, er der selbst uns arme Bauern schützt und ehrt.

Alter Bauer.
Heil, Heil, dem Ritter werth,
Der den Bauer schützt und ehrt;
Viel Segen in die Eh' hinein
Unserm Ritter Rodenstein!

Alle.
Viel Segen in die Eh' hinein
Unserm Ritter Rodenstein.

Zweiter Akt.

Die Scene stellt eine anmuthige Terrasse des Pfalzgrafenschlosses auf dem Jettenbühel zu Heidelberg vor.

Erste Scene.

Zuerst Trommeln und Fanfaren hinter der Scene.

Zwei Gesellen und zwei Lehrbuben treten auf.

Erster Gesell.

Hui, was ein lustig Leben. Viel hundert Ritter sind heut' in Heidelberg.

Zweiter Gesell.

Sagt, was gibt's denn?

Erster Lehrbub.

Gott weiß es, aber Etwas Großes muß geschehen, denn so ein Laufen und ein Rennen sah' ich mein Lebtag nicht.

(Trommeln.)

Zweiter Lehrbub.

Hört Ihr, es trommelt!

Erster Gesell.

Das ist die Werbetrommel. Mein Meister sagt der Pfalzgraf werbe Reisige für den Kaiser. Es gehe gegen den Papst und die Welschen. Die Welschen und der Papst, die hielten stets zusammen gegen Deutschland!

Zweiter Lehrbub.

Heisa, das muß schön sein, da gehn wir auch mit.

Erster Lehrbub.

Geh' bleib' Du zu Hause, wir sind ja noch in der Lehre!

Zweiter Lehrbub.

Was geht das mich an, draußen kann man uns Buben noch besser brauchen.

Erster Gesell.

Ja, mein Großvater war auch als kleiner Junge mit Kaiser Heinrich in Italien. Es waren damals viele Buben mit der Armee gezogen, halfen mit als Troßknechte, schleppten das Gepäck und holten den Kriegern Essen und Wasser auf dem Marsche.

Erster Lehrbub.

Hui, Ihr Buben, wie schön muß das sein, wenn man da draußen und in keiner Werkstatt ist und von keinem Obergesell und Meister gequält wird.

Der andere.

Ei wie schön, wie schön.

Erster Lehrbub.

Wenn wir das Heu tragen und die schönen Pferde halten dürfen

Erster Gesell.

Denkt der Großvater sagte gestern, es wäre auf der ganzen Welt keine so unternehmende und tapfere Nation wie die Deutschen; deswegen hätten auch alle anderen einen Zahn auf uns und wollten uns, wo sie nur könnten, über den Löffel barbiren.

Alle drei anderen.

Ja das ist wahr.

Erster Gesell.

Jetzt sei es aber anders, jetzt hätten wir einen Kaiser und einen Kanzler, die wüßten, wie man mit ihnen fertig werde.

Alle drei.

Ja wohl, der Kaiser und sein Kanzler Reinald, das sind Männer!

Erster Gesell.

Er gleiche ganz dem großen Kaiser Otto und er erzählte eine Geschichte, ich sag euch, wunderschön.

Alle drei anderen.

Erzählt, erzählt.

Erster Gesell.

In Frankreich war König Ludwig König, der hatte des Kaiser Otten Schwester, mit Namen Gerberga zur Frau.

Den König Ludwig aber vertrieb Graf Hugo von Paris und nannte sich König in Frankreich. Da ließ ihn der Kaiser Otto auffordern, sich des königlichen Titels zu entschlagen. Graf Hugo aber lachte des Kaisers Gesandte aus und meinte, was denn die Deutschen wollten, die schon so oft von den Franzosen wären geschlagen worden. Er hätte einen solchen Vorrath an Waffen beisammen, daß mehr eiserne Sturmhüt in Frankreich wären, als Stroh- und Schaubhüt in Deutschland.

Zweiter.

Die Franzosen waren ihr Lebtag Prahlhänse!

Die anderen.

Die Großmäuler!

Erster Gesell.

Der Kaiser Otto aber ließ dem Grafen Hugo sagen, er wolle so viel Strohhüt mit nach Frankreich bringen, daß den Franzosen die Augen schon aufgehen sollten.

Und er bracht eine Armada mit, denen hatte er allen Stroh= und Schaubhüt aufsetzen lassen. Es waren aber 32 Fahnen Fußvolk ohne die Reiter. Und die Strohhüt marschirten nach Lyon und Rheims und bis vor die große Stadt Paris und Graf Hugo durfte sich mit seinen eisernen Sturmhüten nirgends sehen lassen.

Zweiter Gesell.

Ei das war schön.

Erster Lehrbub.

Lieber Gott laß Du mich groß und stark werden, damit ich auch einmal mit marschiren kann nach Paris.

Die drei anderen.

Und wir, wir wollen auch dabei sein.

(Man hört in der Entfernung trommeln.)

Alle vier.

Hurrah, es geht gegen die Welschen
Hurrah, Hurrah, Juchhe!

(Mit Geschrei ab.)

Zweite Scene.

Schnellerts und Pater Cyprian, Quardian des Kapuzinerklosters zu Speyer.

Schnellerts.

Der Teufel hol Euch und all' den tollen Lärmen in der Stadt. Verflucht wie dem Gesindel all der Kriegslärm zu Kopf steigt. Ich sag's Euch offen, damit Ihr mich kennt, mir gefällt das Treiben nicht, ich steh' zum **Papste**!

Pater.

Mir gefällt es auch nicht; wohl thut mir's wenn ich einen finde, der mit unsrer armen schwer gekränkten Kirche Mitleid hat. Solamen est miseris socium habuisse malorum.

Schnellerts.

Ich bin zwar ungelehrt; beweisen kann ich's nicht, allein ich fühl's, es muß so sein, über dem Kaiser steht der Papst, die höchste Herrschaft ist die der Kirche.

Pater.

Da seid Ihr wohl gesinnt, daß Ihr Euch durch die ketzerische Meinung anderer Geistlicher nicht irre machen laßt.
Extra ecclesiam est nulla salus!

Schnellerts.

Die Kirche schützt uns, die kleinen Herrn, gegen des Kaisers Uebermacht und schon manchmal ward des Kaisers Herrschsucht durch die Kirche jäh gebrochen.

Pater.

Und nothwendig ist sie diese Oberherrschaft der Kirche.
Wißt, beugt der Kaiser vor dem Papst das Knie, so sieht's auch der dümmste Bauer, daß noch einer da ist, dem auch der Höchste unterthan und sich fügen muß.
Es weiß dann jeder, wo Schutz und Schirm er finden kann.
Vertrauensvoll blickt darum der gute Christ auf seine Kirche. Sie ist für ihn der Schirm der Freiheit. Ihr alle wär't der Tyrannei des Kaisers unterworfen, schützte die Kirche nicht des deutschen Volkes Freiheit!

Schnellerts.

Glaubt Ihr, daß es diesesmal gelingt, des Kaisers Anhang zu unterwerfen.

Pater.

Nicht leicht ist's mit der Kirche Krieg zu führen. Alle die, die mit geweihtem Wasser sich benetzen und zur Beicht gehen sind ihr Rüstzeug und folgen, der mehr der weniger ihres Priesters Wort. Zudem schauen in Deutschland die Grafen und die Herzög' eifersüchtig auf des Kaisers Macht, und ertönt der Ruf die Kirche in Gefahr so regt sich's in allen Gauen und vom mächtigen Welsenherzog bis herab zum ärmsten Bauer erstehen ihr ihre Streiter.

Schnellerts.
Recht habt Ihr, doch sagt, was wollt Ihr unternehmen?
Pater.
Thue nur jeder von uns das Seine in seinem Kreise; ich das Meine, Ihr das Eure.

Wißt, Eur nächster Nachbar ist der Robenstein. Der Kaiser ist im Bann und er gehört zu seinem Anhang. Sucht Händel mit ihm, befehdet ihn, beraubt ihn, denn er ist **rechtlos**.
Schnellerts.
Ihr habt Recht, den Ketzern ist man keine Treue schuldig, zudem ist er mein Feind und längst schon reif für meine Rache.
Pater.
So sei's. Empfangt sein Land als Lehen von der heil'gen Kirche, wenn Ihr ihn zwingt. Vollmacht vom Papste haben wir Euch alles zu bestätigen.
Schnellerts.
Zählt nur auf mich.
Pater.
Des Himmels Segen kann dabei nicht fehlen. Vielleicht erscheint Euch heimlich Unrecht, das, was man von Euch fordert. Wißt, **Ihr thut ein gutes Werk.** Er gilt der Kirche Heil, was Ihr unternehmt.

Die Kirche kann, wenn's gilt sich zu schützen und zu wehren
Recht in Unrecht und Unrecht auch in Recht verkehren!
Knechtschaft wird Freiheit, Freiheit Knechtschaft,
Weiß wird schwarz und Schwarz wird weiß,
Gilt's der Kirche Ruhm und Preis!
Schnellerts.
Habt keine Bange, daß mein Thun mir Sorge macht. Ihr versprecht mir sein Land und damit ist's genug.
Pater.
Zudem erhaltet Ihr für fünfundzwanzig Jahre Ablaß.

Schnellerts.

(Bei Seit.) Den schenk ich Euch. (Zum Pater.) Doch sagt, wie erhaltet Ihr mich im Besitz von meinem Lehen, wie schützt Ihr mich bei dem Kaiser.

Pater.

Sorgt nicht dafür. So wie hier, so zersplittern wir des Kaisers Kraft im ganzen Reiche und in ems'ger Stille lösen ein Steinchen nach dem anderen wir von dem stolzen Baue der kaiserlichen Macht, die man ohne uns gegründet. Allein ein jeder solcher Stein ist wichtig und wär's auch nur ein Rodenstein, und wehe, wenn nur ein einziger aus dem Bau sich löst. Andere folgen nach und bald liegt der Palast in Trümmern.

Dann, mit unserer Hülfe wird ein neues Haus gebaut, nach klügeren, weiseren Maximen. Wir sind dann die Herren drin und schützen Euch und jeden unserer Freunde.

Schnellerts.

Glaubt Ihr, daß der Kaiser seinen Irrthum einsieht, sich bekehrt?

Pater (salbungsvoll bis zum Schluß).

Es wird kommen der Tag, wo er Reue und Buße thut und an sein Herz schlägt und spricht: „O mea culpa, mea culpa, mea maxima culpa!"

Schnellerts.

Ihr glaubt das?

Pater.

So gewiß über uns die Sonne leuchtet.

Schon manchen Kaiser haben wir bezwungen auch gegen diesen geben wir den Kampf nicht auf. Groß ist die Gewalt der Kirche. Fluch und Segen und selbst das Wunder steht uns zu Gebot, um Fürsten zu erleuchten.

Noch unvergessen ist das erhabene Beispiel, das einst des Kaisers Ahnherr, Kaiser Konrad gab, der durch ein Wunder des heiligen Bernhard von Clairveaux bekehrt ward.

Es war auf Weihnachten 1148 auf dem Reichstag zu Speyer. Ich war damals ein junger Priester und gegenwärtig als der Kaiser durch die Predigt jenes frommen Gesalbten des Herrn belehrt wurde und das Kreuz nahm und ausrief:

„O ich erkenne die Gnade des Himmels, ich will nicht mehr länger undankbar sein."

Ich sag's Euch hier, ich verzweifele noch nicht, aus allen Trübsalen ersehe ich noch den Triumph der Kirche. Ich freue mich schon über Dich o Du blühende, o Du freudige ecclesia triumphans.

Auch unser Kaiser wird weise werden und sich in die allerbarmenden Arme der Kirche werfen und ausrufen: „O ich erkenne die Gnade des Himmels, ich will nicht mehr länger undankbar sein."

(Beide ab.)

Dritte Scene.
Bodenstein.

Seid mir gegrüßt Ihr grünen Berge, Du wonnig Neckarthal,
Gruß Dir Du stolze Burg dort oben, im hellen Sonnenstrahl;
Ihr Zinnen, helle Sterne, weithin leuchtend in die Ferne,
Ihr Hallen, Ihr Mauern, Bogen, die froh ich einst durchzogen
Von Träumen kühn und hoch die Brust geschwellt,
Lebt ich in selbstgeschaffener Zauberwelt.

Nie vergeß ich Dich, Du Neckarstadt, wo ich als Page am Pfalzgrafenhof mein kindisch Wesen trieb; Nie vergeß ich Euch Ihr würdigen alten Herren, die Ihr mich unterwiest. — Wie mancher von Euch ruht schon längst im Grabe, nur Du, Du bleibst ewig jung und schön Du liebe Stadt. Bei der Berge Grün, bei des Frühlings Blüthenschmuck, die mit jedem Jahre Dich verjüngen, vergessen wir der Jahre Zahl, die über uns dahin geeilt und neu verjüngt sind wir auf Deinem Boden. (Fanfaren in der Ferne.)

Wie schön seid heut' Ihr anzusehen, Ihr festgeschmückten Straßen,
Ein froh' Gewimmel ist zu sehn, den Turnierruf hör' ich blasen.
Es strahlt das Aug', wohin ich schau' die Weit' und Breite,
Gassen auf und Gassen ab, hör' ich Jauchzen nur und Freude.
Klingt und tönt Ihr Jubellieder
Hallt von Berg zu Berge wieder!

Und doch stehl ich mich aus dem Gewimmel fort und such dieses Schlosses einsame Terrasse; denn a n d e r e B a n d e haben mein Herz in engere Fesseln gelegt als D u , D u f r o h e Stadt. Vereinsamt

fühl' ich mich in Deinen Freuden. Unruhig juch' ich das Weite und
der Sinn schweift eh' ich's nur ahn' nach Hause, wo ein frommes
Weib mir waltet, meine Agnes, die heute nicht meine Freude theilt.

Du liebes Weib, wie wußtest Du nach wenigen Tagen,
Die weichsten Seiten meines Herzens mächtig anzuschlagen.
Und vom Tag, wo Du betratest meines Hauses Schwelle,
Wandelt mir Dein Hauch zum Prunkgemach die kleinste Zelle.
Du schmücktest meines Hauses Leere,
Dir braves Weib sei Preis und Ehre!

Frankenstein und Tannenburg kommen.

Tannenburg.

Heda, Rodenstein!

Frankenstein.

Albrecht, wo steckst Du denn?

Rodenstein.

Gott zum Gruß Ihr Herrn.

Tannenburg.

Eilt doch, daß Ihr erscheint. Der ganze Marktplatz wimmelt
schon mit Menschen, die das Turnier erwarten. Auf dem Heumarkt
halten alle Ritter aus dem Pfälzerland und ordnen sich zum Zuge.
Die Franken sammeln sich auf dem Schlosse. Den Pfalzgraf selbst
erwartet man mit jedem Augenblick.

Rodenstein.

O, laßt mich hier, es ist so wonnig hier in diesem Blüthenduft,
so einsam hier auf diesem Fleckchen, so traut und heimlich. Es träumt
sich hier so schön.

Frankenstein.

O, Du mußt mit uns geh'n. Sieh' Albrecht, wer so wie ich
die Welt nie recht in der Nähe sieht, freut sich des fröhlichen Ge-
tümmels und mißt dabei nicht gerne seinen lieben Eidam. Und,
wenn Du das Fest nicht sehen willst, geh' zum wenigsten mit zur
Schenke; man hat sich noch einmal so lieb beim Pfälzer Wein.

Tannenburg.
Ja wohl, so mein auch ich, komm' vorwärts Bruder!
Rodenstein.
Ich weiß nicht, was es ist, was mich heut' Euch widersprechen heißt, denn nur ungern verlaß ich dieses gastliche Asyl.
Frankenstein.
Nur zu, und folge uns. Doch seht Ihr Herrn, was naht sich dort, ein Zug reichgeschmückter Herrn und Frauen schlägt den Weg ein zur Terrasse, bei Gott, das ist Pfalzgraf Conrad!

Vierte Scene.
Pfalzgraf Conrad, seine Gemahlin Irmengard, Abt Heinrich von Lorsch und Gefolge treten auf.

Glänzender Aufzug zum Turnier; Musik spielt einen Marsch nach Art desjenigen in dem 3. Akt von „Catharina Cornaro."

Pfalzgraf.
Willkommen hier, erlauchte Herrn, in uns'rem Heidelberg
Recht, daß das Fest, das wir heut' feiern, Euch hieher gezogen.
Wir schätzen Euch besonders noch, als Freund und Stützen uns'res
     Bruders
Frankenstein und Tannenburg, Ihr standet treu zu unsrem Kaiser
Ihr, Rodenstein, Ihr folgtet ihm auf seinen Römerzügen.
Noch denk ich dran, wie vor zwölf Jahren, auf jenem stolzen Zug
Als uns're ganze deutsche Ritterschaft, des ganzen Adels Blüthe,
Um Mailands, um des Papstes kecke Einmischung zu strafen,
Herbeigeeilt der Welschen Uebermuth und Trotz zu brechen,
In langen Zügen übern Gotthard, Chiavenna, über Friaul,
Hinabstieg zur lombard'schen Ebene;
Da fochtet Ihr an uns'rer und uns'res Bruders Seite
Und thatet Euch hervor durch manchen kecken Reiterstreich.

Rodenstein.
Fürst ich dank' Euch für die güt'ge Meinung
Und für das freundlich Angedenken, das Ihr mir bewahrt.

Pfalzgräfin.
Mir sagt man, daß Ihr wie in der Kunst des Krieges,
Ihr auch erfahren seid im edlen Spiel der Minne.

Rodenstein.
Ihr sprecht zu viel, ich gleiche nur Aegyptens Memnon=Stein
Der kalt und ruhig liegt, doch singt, trifft ihn der Sonne Schein,
Ich kling' und singe helle Freudenlieder
Trifft holder Frauenblick auf mich hernieder.
(Verbeugt sich gegen die Pfalzgräfin.)

Pfalzgräfin.
Fürwahr Ihr seid galant, schnell habt Ihr Eure Kunst zur Hand.

Pfalzgraf.
Niemals vergeß' ich's, niemals vergißt der Kaiser den Röm'schen Zug
Was Ihr, was unverzagter deutscher Männer Kraft damals gethan.
O, wie schön war 's, als die Heere der Städte Straßen füllten,
Und welsche Frauen, Zorn, Verwünschung in den glüh'nden Blicken,
Wilde deutsche Kriegsleut' ihre Rosse in Marmorhallen füttern sahn,
Wie unsre Reiter, hui, weit durch die Ebene streiften,
Welsche Heere aufschreckten schlafend und bei fettem Mahl.

Rodenstein.
Doch genug war's nicht, kaum, daß sie unsre Macht zuerst gespürt,
Begann der Krieg zwei Jahr darauf bereits auf's Neue.

Frankenstein.
Welsche, sind wie kleine Knaben, müssen ihre Schläge mehrmals haben.

Pfalzgraf.
So ist es. Seht, ich hoffe von dem Geiste unsres ganzen Volks=
Daß es nie murrt noch klagt, wenn's gilt für seine Ehre einzustehn.

Frankenstein.
Rodenstein. } Zu jeder Zeit, ist's Schwert bereit.
Tannenburg.

Pfalzgraf.
So wißt, nicht blos zum Spiel hab' ich Euch hier um mich versammelt
Zu ernsteren Dingen bat ich Euch, des Kaisers Freunde
Empört wider das Reich hat wieder sich Italien
Kaiser Friedrich zog bereits mit einer Schaar Getreuer

Ueber den Mont Cenis, belagernd Allessandria.
Doch ist sein Heer für sich allein nicht stark genug zum Feldzug.
Kaum, daß es kann den Heeren, die heranziehen widerstehen,
Weiter'n Zuzug erwartet des Reiches Haupt aus Deutschland!

Rodenstein.
Mit Freuden seht Ihr uns bereit dem Ruf zu folgen,
Gar wohl bewußt ist allen unsres Kaisers Wille,
Neu und **groß** gilts jetzt das deutsche Reich zu gründen,
Ein gewalt'ger Odem ist's, der unser Volk beseelt
Und wenn Deutschlands Kaiser ruft kein einz'ger fehlt.

Frankenstein.
Auch ich spreche wie Rodenstein!

Tannenburg.
Auch ich will mit dem Zuge sein.

Frankenstein, Rodenstein, Tannenburg.
Wir alle sind zur Hand, gilts zu schirmen deutsches Land!

Pfalzgraf.
Liebwerthe Herrn und Freunde, mäßigt den Eifer,
Denn auch zu Haus bedarf das Reich der Stützen.
Ihr Frankenstein, Euer schneeweiß Haupt,
Schickt besser sich im Rathssaal als im Lager,
Helft Ihr drum zu Hause uns beschirmen. —
Während wir mit wilden Feinden fechten,
Erhebt daheim der trotzge Welf das Haupt,
Sät des Papstes Anhang tückisch Zwietracht!

Frankenstein.
Sei's drum, doch drückt mich nicht der Jahre Last,
Noch schwinge ich behend mein Schwert,
Noch trag' ich leicht die schwere Rüstung.

Pfalzgraf.
Manch' Kriegszug unter Kaiser Conrad,
Hat Eures Namens stolzen Ruhm gegründet,

Nicht schimpflich ist's, wenn heute jüngere Männer,
Wenn Robenstein —, wenn Tannenburg,
Des Krieges harte Last mit Freuden tragen;
Hier, steht uns'rer Gattin und dem Abt von Lorsch
Zur Seite, bei der Verwaltung unsrer Pfalz.

Frankenstein.
Treu erprobt hat sich der Abt als Freund des Reichs,
Ruhm ist's, wenn mein Name mit dem seinen wird genannt.

Abt.
Ich thu' nur, was geziemt dem Bürger,
Erst bin ich Deutscher, dann erst kömmt der Priester!

Pfalzgraf.
Nicht jeder Priester weiß so gut wie Ihr,
Beide Pflichten hier zu unterscheiden.

Abt.
Kirch und Staat sind Einrichtungen Gottes,
Allein Menschen sind's, die sie verwalten,
Nur so kann's sein, daß Zwietracht, Haß besteht,
Wo vereint die beiden müßten walten!

Robenstein.
Mir gönnt kurze Frist nach Haus zu kehren
Lebewohl zu sagen meinem Weibe;
Das erst wenig' Monat mein ich nenne.

Pfalzgraf.
Von Herzen gern, seid Ihr zurück nur,
Stoßt Ihr zu uns; wir zieh'n durch Elsaß und Burgund.
Doch jetzt laßt ab, vergeßt des Lebens Ernst
Versammelt Euch zum heiteren Spiele.
Hört Ihr weithin Zinken, Drometen tönen,
Es winkt der Siegerkranz von holden Schönen.

Pfalzgräfin.
Laßt nun Ihr Herrn mich heitere Mienen sehn
Und fehl' keiner mir bei uns'rem Feste;

Laßt' nicht vergeblich Euch bei Tische fleh'n
Küch' und Keller bieten Euch das Beste. (Alle ab.)

Verwandlung.
Zum Hirschen in Heidelberg.

Bürger kommen.

Erster Bürger.

Es lauft heute soviel Volks zusammen, daß es mit der Arbeit nicht recht flecken will. Es sind aufgeregte Zeiten, in Unruh ist das Reich, man rüstet sich zum Römerzug, da redet man gern hin und her und bei dem allen gewinnt Niemand wie der Schenkwirth.

Zweiter Bürger.

Ja Gevatter, Ihr habt Recht, wenn so ein Kriegslärm in der Luft ist, will nichts mehr gedeihen in der Häuslichkeit. Wer bürgt mir, ob mir Morgen ein tückisch Schicksal nicht mein alles raubt, was soll ich mir dann noch etwas am Munb absparen?

Die beiden anderen Bürger.

Recht so, wer weiß wer Morgen noch lebt, heda Vater, Wein her!

Herbergsvater kommt.

Hier Ihr Herrn, Dürkheimer. Wohl bekomms Euch. Bringt Ihr was Neues?

Erster Bürger.

Nichts, daß ich's wüßte, unser einer steckt den ganzen Tag in seiner Werkstatt.

Herbergsvater.

Eine Menge fremder Ritter sind heut schon angekommen bei Pfalzgraf Conrad. Mir dünkt, man rüstet sich zu einem Feste.

Erster Bürger.

Oder auch nicht! Doch sei dem wie ihm wolle, schön ist 's in unserem Heidelberg, seit des großen Kaiser Friedrich Bruder über unsere Pfalz am Rhein herrscht.

Zweiter Bürger.

Weiß Gott, des Stauffers Regiment ist für uns ein wahrer Segen, mir denkt's noch wie hier stund ein armes Fischerdorf, nur wenige Hütten waren hier und jetzt, welch' schmucke Stadt ist unser Heidelberg.

Dritter Bürger.

Wahr ist's und immer kommt von außen Zuzug. Und wer einmal hier war, der kann nicht weg mehr kommen.

Herbergsvater.

Das kommt vom Jettastein. In der alten Heidenzeit hat in dem Wald, da wo jetzt das Pfalzgrafenschloß steht, eine große mächtige Hexe gewohnt, die hat einen Fels vom Berg losgeschlagen und hat ihn behauen, mit Zaubersprüchen geseit und herabgeworfen in's Thal. Der Stein schlug ein tiefes Loch in den Boden und liegt jetzt in unserem Heidelberg und jeder, der darauf tritt, ist behext und kann nicht mehr fort aus unserer Stadt.

Erster Bürger.

Narrenspossen! Der fette Boden und das schöne Land, auf dem das Auge weilt, macht wohnlich unser Neckarthal. Und seit der Pfalzgraf hier ist, ist es gut hier sein, denn er hat die Pfaffenherrschaft jäh gebrochen. Die Klöster, die beinahe alles Ackerland besaßen, zog er ein, keine Frohnd und harte Abgab' lastet mehr auf unserem Bauer und Handwerk und Handel blühen hier auf.

Bürger.

Prost Ihr Herrn, es lebe Pfalzgraf Conrad!

Alle.

Vivat der Pfalzgraf! (Die Bürger trinken.)

Zweite Scene.
Vier Knechte des Schnellerts kommen.

Erster Knecht.

Holla, Wirthschaft!

Herbergsvater.
Verzeiht, ich war drüben im Gespräch.

Knecht.
So bringt Wein her, aber schnell, wir sind durstig. Altes Weinfoß! (Herbergsvater ab.)

Erster Bürger.
Grobe Gesellen, die da drüben.

Zweiter Bürger.
Seid unbekümmert, sie treiben's nicht allzu lange. Der Hirschwirth läßt sich nicht foppen; am wenigsten von solchem Pack. Doch, wir haben unser Gespräch vergessen, sagt, bei was sind wir stehen geblieben.

Dritter Bürger.
Beim Pfalzgraf Conrad. Ihr sagtet, er habe die Klöster eingezogen und von Pfaffen das Land rein gemacht, seitdem sei Heidelberg so emporgediehen.

Vierter Bürger.
Er hat auch Recht, es ist ein Sprüchwort:
Alt Aff, feist Pfaff, dazu wild Bären,
Soll Niemand in sein Haus begehren.

Knecht.
Horcht, die drüben juckt das Fell, sie lästern unsere heil'ge Kirche.

Erster Bürger.
Ja, es war früher anders hier. Seht, da unten standen wenige Hütten. Dort die Kapell der heiligen Jungfrau. Die Leute die hier wohnten, waren arme Fischer, das Feld gehörte beinahe alle der Schönauer Abtei, drauf nährten sich die Klostermaier und Kuttenträger gingen auf dem Schlosse aus und ein, feist gemästet an der Tafel unseres Fürsten.

Knecht (halblaut).
Verfluchter Ketzer!

Zweiter Bürger.
Fort mit der ganzen Clerisei, mitsammt dem Papste!

Zweiter Knecht.
He da, wer lästert hier den Papst!

Erster Bürger.
Seid Ihr vielleicht mit ihm verwandt?

Zweiter Knecht.
Er ist der Oberherr der Kirche!

Zweiter Bürger.
Er ist des Kaisers und des Reiches Feind.

Herbergsvater.
Ruh' und Fried' Ihr Herrn.

Knechte.
Die dort haben angefangen!

Erster Bürger.
Wir sind in Heidelberg; Hier herrscht nicht der Krummstab.

Zweiter Bürger.
Hier befiehlt kein Kuttenträger.

Herbergsvater.
Still', stille doch, verscheucht mir keine Gäste.

Ritter Schnellerts, Pater Cyprian und bald darauf Georg von Frankenstein und Abt Heinrich von Lorsch treten ein.

Schnellerts.
Wer zankt sich hier?

Knecht.
Die dort beleidigen den Papst und unsere heil'ge Kirche.

Erster Bürger.
Das ist nicht wahr, wir sagten nur der Papst, er sei des Kaisers und des Reiches Feind.

Schnellerts.
Und wenn er auch mit dem Kaiser in Fehde lebt, so seid Ihr dennoch Respect ihm schuldig; Aus seinen Händen empfängt der Kaiser seine Kron und er ist der Oberherr der ganzen Christenheit.

Frankenstein.

Erlaubt mir, daß ich widerspreche; eine Menge Bischöf denken anders. Die Erzbischöf von Trier, Cöln, Mainz und Magdeburg, die Bischöfe von Münster und Worms stehen in dem Streit zum Kaiser.

Pater.

Und thun sie das, so sind sie Ketzer. Der Papst ist Stellvertreter Christi hier auf Erden, in seiner Hand ist's geistlich und weltlich Schwert und es kann nicht irren und fehlen.

Frankenstein.

Nicht fehlen kann er, da thut Ihr ihm zu viel, er ist ein Mensch und urtheilt nach menschlichem Verstand, kein Mensch aber ist unfehlbar. Unfehlbar ist nur der höchste Richter droben. Doch sagt Herr Abt, hab' ich recht.

Abt.

Ich hab' bisher mich enthalten mich in Euren Streit zu mischen, weil ich hofft eher durch Schweigen als durch Theilnahme daran sein End' herbeizuführen. Doch da Ihr fragt, so kann ich's nicht verhehlen, daß ich Eure Meinung theile und daß viel Kirchenfürsten, Gottesgelehrte, Professoren der hohen Schulen und Geistliche auf meiner Seite stehen.

Es steht in der Schrift: „Als Sanct Paulus sah, daß Petrus und die anderen nicht recht wandelten nach der Wahrheit des Evangeliums, da straft er sie darum." Paulus durfte den Petrus, den Bischof von Rom strafen, obwohl er einer der ersten Apostel war, denn auch Petrus stand, wie wir alle unter dem göttlichen Gesetz. Aus dem Grunde nimmt man an, daß auch dem Bischof von Rom widersprochen werden kann, wenn er ungerechte Dinge gebietet und wo er am Glauben fehlen sollte. Denn auch der Bischof von Rom steht wie die anderen Bischöf unter dem göttlichen Gesetz. Verordnet er aber Dinge, die diesem zuwider sind, so braucht man seine Satzungen nicht allein nicht zu halten, sondern man ist auch schuldig, daß man sie nicht halte.

Verordnet er aber Dinge, die dem Gebot der weltlichen Macht zuwider sind, so gebt dem Kaiser was des Kaisers ist und wenn der

Papst, der Römer, zu Euch spricht, vergeßt nicht, daß Ihr Deutsche seid.

Pater.

Das sind Irrlehren Herr Abt! Ihr seid im Bann.

Abt.

Bann oder nicht, der Bannstrahl zernichtet nur den, der ihn fürchtet.

Erster Bürger.

Haltet ein, hier gibts Streit.

Zweiter Bürger.

Bei großer Herren Zank, hat der Bürger keinen Dank.

Dritter Bürger.

Wer hat etwa Lusten Zeugniß abzulegen?

Vierter Bürger.

Da gehen wir besser unsrer Wegen. (Die Bürger ab.)

Schnellerts.

Der Papst ist dennoch unser höchster Richter und Oberherr, er trägt die dreifach' Kron und es hat der Kaiser die römische Kron zum Lehen vom Papste.

Abt.

Ihr deutet das nicht recht. Die Belehnung des Kaisers ist ein Symbol. Der Kaiser ist der Kirche Schirmherr und die Belehnung bedeutet, daß auch er ist unterthan dem göttlichen Gesetz, nicht aber eine Oberlehnsherrschaft des Papstes.

Frankenstein.

So ist es, allein die geistliche Hoffarth litt das nicht und wandelte das Symbol in eine Lehnsherrschaft und verwirrte mit dieser angemaßten Oberherrschaft dem gläubigen Volk die Köpfe. Seit Karls des Großen Tod war unser deutsches Reich ein Tummelplatz innerer Kämpfe. Ueppig sproßte die vom Papst gesäete Zwietracht, bis der große Kaiser, der jetzt das Scepter führt, das Steuer des Reichs ergriff.

(Rodenstein ist unterdessen eingetreten.)

Schnellerts.
Dieser Friedrich, den Ihr vergöttert, ich hass' ihn. Sein Kanzler verlockt ihn zu dem Kampf in Welschland. Dort verblutete die deutsche Jugend und seine Zwistigkeiten mit dem Papste haben mehr ihm noch geschadet, als hätt' er demüthig sich gefügt.

Abt.
Zu allen Zeiten hat's in Deutschland Armselige gegeben, die die Größten unsres Volks herabgesetzt und geschmält! Haßt ihn nur immer unseren Kaiser und seinen Kanzler; Von Euch verlangen wir keine Liebe, uns genügt, daß Ihr ihn fürchtet!

Frankenstein.
Italien ward besiegt und Mailands Trotz gebrochen! Der Eidbruch der Mailänder schrie nach Sühne.

Schnellerts.
Ihr redet nur, wie Ihr's versteht. Mailand war nicht eidbrüchig! Die Mailänder schwuren dem Kaiser Treue, aber sie schwuren nicht sich seiner Tyrannei zu unterwerfen und alles über sich ergehen zu lassen, was der Kaiser und seine Gewaltboten über sie beschließen würden.

Frankenstein.
Der Kaiser ist kein Tyrann, sagt das nicht zweimal.

Schnellerts.
Ich sag's und ich beweis' es. Meinen Vetter Stahleck, ehemals Herrscher hier in der Pfalz, den ließ er schimpflich Hunde tragen und verbannt ihn und die Pfalzgrafschaft, die gab Friedrich seinem Bruder Conrad. Seinen Söhnen gibt er leb'ge Herzogthümer. Seinen Neffen gab er die Lande Welfs in Schwaben, Bayern und Tyrol.

Rodenstein (in Aufregung).
Das deutsche Volk spricht seinen Kaiser frei. Er bedarf einer starken Hausmacht, wenn seine Macht, wie ehedem nicht zum Gespötte werden soll. Du und Deine Welfen Ihr seid Reichsverräther, Eur' Herz schlägt für Welschland und für Rom!

Schnellerts.
Feinde der heilgen Kirche seid Ihr. Der Kaiser hat sich aufgelehnt gegen die Kirche und ist im Bann. Niemand ist schuldig die Treue ihm zu halten. Ist's nicht so Pater?

Pater.
Die Wahrheit sagt der fromme Ritter. Es spricht der heil'ge Vater also (zieht ein Papier aus dem Talar):

„Vermöge der von Petrus erhaltenen Gewalt zur Ehre und Vertheidigung der Kirche untersage ich Dir, Kaiser Deutschlands, der sich in unerhörtem Stolze gegen die Kirche aufgelehnt hat, die Reichsregierung Deutschlands und Italiens, löse alle Christen von den Banden des Eides, welchen sie geleistet haben oder leisten werden, verbiete, daß ihm jemand als König gehorsame, weil er nicht als Christ gehorchen will, weil er mit denen umgeht, die von der Kirche ausgeschlossen, meine Ermahnungen für sein Heil vernachläßigt und, indem er die Kirche zu spalten sucht, sich von ihr trennt; Ich binde ihn mit Deinem Fluche, auf daß alle Völker wissen und bewähren:

„Du, Du bist Petrus und auf diesen Felsen will ich bauen meine Kirche und die Pforten der Hölle sollen sie nicht überwältigen" — und: „Ich will Dir die Schlüssel des Himmelreichs geben; Alles, was Du auf Erden binden wirst, soll auch im Himmel gebunden sein und Alles, was Du auf Erden lösen wirst, soll auch im Himmel los sein."

Abt.
Haltet ein Herr Pater, das sind Taschenspielerkünste, damit täuschet Narren und Kinder, aber Ihr trügt keine Männer!

Die Lehre von den Schlüsseln des Himmelreichs ist eine angemaßte Oberherrschaft des Papstes. Papst Gregor erfand diese Lehre und säete damit Zwietracht in dem deutschen Reiche.

Was Papst Gregor gewollt hat, zeigt uns die Geschichte; sie lehrt uns auch Eure sauberen Pläne! Glaubt mir 's, nicht zum Zweitenmale geht ein deutscher Kaiser nach Canossa!

Frankenstein
Recht so, Herr Abt, wir stehen zum Kaiser und zum Reich!

Pater.

Der Abt, er ist belegt mit dem Bann, wenn er's versucht Euch oder andere von der heil'gen Kirche loszureißen.

Rodenstein.

Ihr aber wollt uns losreißen von dem Herzen des Vaterlands. Glaubt mir 's Ihr Bischöf und Ordensleute, die Ihr heut im Reich eine Hexenbrühe zusammenbraut, Eure Kunst verfängt nicht mehr. In deutschen Köpfen ist 's zu hell und licht für Eure Lehren und in unseren Herzen pocht's rasch und heiß für unser Vaterland!

Schnellerts.

Eitler Prahlhans! Tilg, eh vom Vaterland Du sprichst, den Schimpf, der auf Dir ruht. Denk an die Jagd beim Frankenstein.

Rodenstein.

Das wagst Du mir zu bieten, giftge Natter!

(Zieht, bringt auf Schnellerts ein, Rodenstein wird von dem Abt, Schnellerts von Frankenstein zurückgehalten.)

Schnellerts.

Laßt mich, daß ich ihn erwürge, den Süßschwätzer, den Weiberknecht!

Frankenstein.

Herr Abt, Herr Pater, helft Ruh' und Fried' mir stiften; Vergeßt nicht wir sind Gäste bei Pfalzgraf Conrad.

Abt.

Friede, Friede, barmherziger Gott des Himmels verhüte eine Unthat!

Pater.

Der Ritter hat uns und unsere heilige Kirche schwer beleidigt und Schnellerts hat als treuer Sohn gehandelt, wenn er von ihr den Schimpf gewehrt.

Rodenstein.

Offene Empörung gegen Kaiser und Reich habt Ihr und er gepredigt und fügte dazu noch die persönliche Beschimpfung.

Schnellerts.

Beschimpft ist schon Deine Ritterehre, man braucht hier keinen weiteren Schimpf hinzuzufügen.

Rodenstein.

Räudiger Schurke!

Abt.

Hilf Himmel!

<small>Rodenstein und Schnellerts bringen auf einander ein.</small>

Abt <small>zur Thüre stürzend.</small>

Helft, helft, Streit, Mord!

Wirth.

Mord, zu Hülfe, zu Hülfe!

Frankenstein.

Hier kann nur eil'ge Hülfe reiten.

<small>(Stürzt auf Schnellerts um ihn festzuhalten.)</small>

Schnellerts.

Helft Knechte, schafft den lästigen Graukopf mir vom Hals.

<small>Knechte ziehen, Frankenstein wird verwundet, das Schwert entfällt ihm, Abt und Wirth fangen ihn auf und führen ihn ab. Rodenstein wird von den Knechten entwaffnet und festgehalten.</small>

Frankenstein <small>im Abgehen.</small>

Jesus Maria, — ich sterbe!

Rodenstein.

Elende Mörder eines Greises!

Schnellerts.

Wiß' Rodenstein, mein Schwert kann ich nicht mit Dir kreuzen, Dich straft man, wie man ungezogene Buben straft, die mit unbedachter Zunge schmählen.

Seitdem Du als Feigling Dich gezeigt, eitler Prahler, gibt's keinen Schimpf für Dich zu rächen.

Pfui Rodenstein, verächtlich bist Du mir geworden!

<small>(Schmeißt ihm den Handschuh in's Gesicht.)</small>

<small>Schnellerts, Pater und Knechte Rodenstein mit den Schwertern drohend ab.</small>

Rodenstein.

Lügt ein wüster Traum ein gräßlich Bild mir vor? Ich seh um mich, ich kann's nicht glauben, tückisch überfallen, statt in ehrl'chem offenen Kampf besiegt. — Entehrt, geschändet! Und doch, ja, ja, so ist's!

O elender jämmerlicher Bube, der hier Frevel auf Frevel häuft! Noch brennt mich glühend Stirn und Wange. Vom Zorn mit Sturmeseil gejagt treibt siedend heiß das Blut durch meine Adern und pocht laut hämmernd an die heißen Schläfe, mahnend an die Schmach, die ich erdulbet.

Und Du alter Vater, armer, bejammernswerther Greis, um frohe Tage hier zu sehen verließest Du Dein einsam Bergschloß und endigtest durch grausenvollen Mord.

Du gabst Dein Leben, ich meine — Ehre!

Doch nein, Dir blieb noch was, was man mir entrissen. Dein Schwert! Komm blanke Waffe, Du sollst ihm und mir ein Rächer sein. Räch' Du sein Leben und meine Ehre!

(Hebt das Schwert Fraulensteins auf.)

Ja, ich räche mich, und eine Rache unmenschlich, teuflisch, grausam muß es sein, die solche grausenvolle That gebiert. Kein Winseln und kein Weiberflehen schützt Dich vor Dem, was Dir nun droht.

Ich schwör's bei Allem, was Sünde, Schrecken, Unthat heißt, daß nichts Dir hier geschenkt sein soll, von Dem, was Du gethan.

Und kostet's mich mein armes Leben, alles, was mir noch lieb und theuer: Ich räche mich, Du bübischer Geselle und führ' ich selbst mit Dir hinab zur Hölle!

Dritter Akt.

1.

Schloß Rodenstein.

Ein Saal im Geschmack des frühen Mittelalters, möblirt. Kein Luxus, einfache hölzerne Tische, Bänke und Stühle mit Lederpolstern. Rechts ein Erker. Im Hintergrund eine Gallerie mit Treppen und Aufgängen.

Erste Scene.

Agnes (im Erker).

Traurig und öd erscheint mir heute Alles.

Das Schloß so ausgestorben, so düster das enge Thal und die Höhe, die hier steil emporsteigt und dem Blick versperrt den frohen Flug zur freien Ebene.

Wie zieht mich's, wenn ich so allein bin wieder heim nach unserm luftigen F r a n k e n s t e i n.

Dort! lichter, grüner Buchenwald und Höhen, freundlich, sonnig; unten Fluren reich und fruchtbar und in der Ferne schlängelt sich der Rhein, ein weithin leuchtend glänzendhelles Silberband. — Immer weiter möchten noch die Blicke schweifen, setzten nicht der Feldberg, der Altkönig und des R h e i n l a n d s b l a u e B e r g e unserer Schaulust Grenzen.

Was ist's nur heut mit mir? Ist's wohl Heimweh, das mir am Herzen nagt?

Nein, nein! Du bist's liebster Mann, dessen Näh' ich missen muß. Drum schweift der Blick so in die Ferne, entrinnend diesen Mauern, die, wenn Du da bist licht und freundlich, heut aber kalt und düster mir erscheinen.

Wie wechselte doch seit wenig Tagen schon das Bild der Außenwelt in meiner Seele. Erst frei und fröhlich, dann kleine Wölkchen auf der heiteren Bläue und jetzt, gleich den finsteren Wolken dort am dunkel'n Himmel, häufen berg'hoch sich die Sorgen, so hoch, daß sie mich ohnmächtig schier darniederdrücken.

Welch' hülflos, armselig Geschöpf ist doch das Weib! Ein Tag ohne ihn, ohne den Mann unserer Wahl, wie a r m sind wir? Es muß es soll so sein, so will 's die ew'ge Weltordnung des allmächtigen Gottes, und wehe der, die sich ihr nicht fügt. Kein Zweifel, ja wir könnens; auch wir für uns allein sind fähig hier zu walten, allein wir bezahlen 's mit unserer Seele Frieden, mit unserm Glück, mit unserer L i e b e.

(Gertraud tritt ein.)

Zweite Scene.

Agnes.

Sieh' da Gertraud.

Gertraud.

Guten Tag Schwester. Da find' ich Dich schon wieder an dem Erker. Wart 's ruhig ab. Dein Rodenstein kömmt schon von selbst. Die Herren werden oft die Pferde rasten lassen, denn an manches Freundes Haus führt sie ihr Weg vorbei.

Agnes.

Ein unheimliches Grauen hat heute meiner sich bemächtigt und, wenn ich allein bin, schnürt die Furcht mir fast die Kehle zu.

Gertraud.

Ein Gewitter ist im Anzug, das ist 's, was Du fühlst. Sieh' nur dort das Hausgesinde, wie es rasch das Vieh heimtreibt. Alles flüchtet mit Windeseil nach Haus, fliehend vor dem Unwetter das dort heranzieht.

Agnes.

Wie leicht Du Dich zu trösten weißt. Das ist 's nicht, was mich besorgt macht, um meines G a t t e n Schicksal bin ich bange.

Gertraud.

Zu was Furcht haben, wo nichts zu f ü r c h t e n ist. Alles in der Welt geht stets natürlich zu. Freu Dich, wenn Dein Mann sich draußen frohe Tage macht. Eine üble Frau ist das, die gleich den Kopf hängt, wenn sie wenige Tage nur den Mann entbehren muß.

Agnes.

Du kennst noch nicht die Liebe, d'rum sind auch die Sorgen Dir noch fremd.

Gertraud.

Fort mit einer solchen Liebe, die sich q u ä l t. Schau, wenn Deinem Mann ein Unglück zustößt, wird er sich schon selbst zu helfen wissen und kann er 's nicht, so wirst auch Du vor seinem Schicksal ihn nicht behüten können. Der Mann gehört in die W e l t und nicht in die vier Mauern. Draußen im tollen Leben, da bleibt er frisch und kräftig. Die Ofenhucker, Grillenfänger haben wenig Gutes noch geschaffen.

Agnes.

Spare die Ueberredungskunst. Mich beruhigst Du nicht.

Gertraud.

Laß Dir wenigstens nichts merken und hänge den Kopf nicht gleich. Geh', wer möchte den ganzen Tag den Mann um sich herum haben und über jeden seiner kleinen Fehler und Schwächen stolpern. Wie anders gefällt er uns, wenn wir ihn Tage lang vermißt, wenn er von weitem Jagdzug heimkehrt, bestaubt und sonnverbrannt, hart und derb und recht voll männlich stolzer Kraft. Wie erfreut uns das Bewußtsein, daß er in seiner Männer Kreise nicht minder geliebt ist, als in seiner Häuslichkeit.

Dritte Scene.

C l a u s, der Wildhübner tritt auf.

Claus.

Gott zum Gruß, Ihr Frauen.

Gertraud.

Schau hier, da ist so einer. Der gefällt mir. Fein geputzt und zierlich ist er nicht, aber seht, es ist ein Mann! Er lebt mehr draußen in dem grünen, frischen Wald, als daheim unter dem Dach bei seinem Weibe.

Claus, sag' mal liebt Dich Deine Frau?

Claus.
Warum denn nicht, gnädiges Fräulein, es ist eine liebe treue Frau.

Gertraud.
Ich mein, ob ihr bange um Dich ist, wenn Du draußen Dich herumtreibst?

Claus.
Ganz und gar nicht; Wer Dich mir stiehlt, der bringt Dich auch wieder, sagt sie. Sie freut sich sogar darüber, wenn ich Sonntags aus der Schenke heimkomme und so ein wenig — — Ihr wißt ja!

Gertraud.
Du thust ihr dann auch wohl recht gerne den Gefallen?

Claus.
O daß ich's meine! So lang die Welt steht werden die Förster trinken. Ich wär nicht werth den grünen Rock zu tragen, wenn ich's nicht gerne thäte. Seht, Strapazen kann ich aushalten, Tage, Nächte lang; allein auch im Trinken stell ich meinen Mann. Dafür kennt den alten Claus die ganze Gegend. Ihr wißt doch noch das Stückchen, das ich aufgeführt, als ich den feisten Pfaffen unter den Tisch trank. Ich sag' Euch, ein Pfaff' versteht etwas vom Trinken, er macht eine gute Schule durch, — aber mit einem Förster kann er sich noch lang nicht messen.

Agnes.
Schon recht, doch laßt jetzt Eure Scherze. Was bringst Du Claus.

Claus.
Ein Sechzehnentner, den ich erst erlegt, liegt draußen in der Küche. Lange spürt ich dem Thier schon nach, ich wußt, Euch fehlt noch was, den gnädigen Herren zu erfreuen, wenn er heimkehrt. Ich eilt' noch bevor das Wetter losbricht, ihn hereinzubringen.

Agnes.
Das ist brav von Dir, daß an meinen Mann Du dachtest, ein Krug Wein soll Deine Mühe lohnen. (Claus ab.)

Vierte Scene.
Agnes und Gertraud.

Agnes.

Ein furchtbar Wetter zieht heran.
(Man hört entfernten Donner.)

Horch, dumpfer Donner rollt in der Ferne. Sieh da, Staub=
wolken wirbeln auf der Straße in die Höhe! (Sturm.)

Hui wie der Wind saust. Fast ängstigt mich das schrille Tönen der alten Wetterfahne auf dem Thurme dort, die jeden Augenblick die Richtung wechselt. (Es ist dunkel geworden.)

Wie finster wird's. Kaum erkenne ich die schwarzen Umrisse der Berge und vergeblich such' ich durch die Nacht zu bringen.
(Heller Blitz.)

Gertraud.

Sieh da ein Blitz, wie schön, wie schön, das Auge zuckt zusammen von dem blauen Lichtmeer in das die ganze Gegend getaucht ist. Wie groß, wie herrlich! (Es donnert stark.)

Agnes.

Horch ein Donnerschlag!

Gertraud.

Sieh, die Furcht entweicht. Hörst Du die ersten Regentropfen, hör', wie sie auf den Blättern aufschlagen. Eine frische, kühle Luft kommt uns entgegen und Wald und Wiese senden uns ihre erfrischen= den Düfte.
(Blitze. Es donnert wiederholt und fortissimo. Sturm.)

Agnes.

Noch ist 's nicht vorüber.

Gertraud.

Höre wie der Wind saust.
Siehe die Blitze.

Agnes.

Höre die Donnerschläge!
Das Gewitter ist über uns.

Gertraud.

Ein furchtbar Wetter!

Fünfte Scene.
Tannenburg tritt auf.

Agnes.

Wie, Ihr Tannenburg, bei dem Unwetter trefft Ihr bei uns ein und — — allein? Sprecht, was bringt Ihr?

Gertraud.

Ihr bleibt stumm, Ihr ängstigt uns! Ihr seid bleich, verstört!?

Agnes.

Um's Himmels Willen sprecht, was bringt Ihr für Botschaft? *(Man hört dumpfes Rollen des Donners.)*

Tannenburg.

Schlimme Botschaft, Trauerbotschaft!

Agnes
Gertraud. } Großer Gott!

Agnes.

Ich bitt Euch sprecht, Euer Schweigen tödtet mich!

Gertraud.

Aengstigt uns nicht länger, redet doch.

Tannenburg.

Faßt Euch, Euch beide trifft der Schmerz.

Gertraud.

Uns beide, sagt, was ist's?

Tannenburg.

Euer Oheim — —

Agnes.

Ist todt? —

Gertraud.
O Gott!
(Stummes Spiel beider Damen.)

Tannenburg.
Ergebt, beruhigt Euch, ihr Frauen, noch wißt Ihr nicht alles?

Agnes.
Noch nicht genug, gestorben und so jäh!

Tannenburg.
Ermordet.

Agnes.
Ermordet?!

Gertraud.
O entsetzlich jammervolles Schicksal.

Agnes.
Armer guter Oheim, nein, mein Vater muß ich sagen, denn väterlich hast Du Dich mein erbarmt. Du Mann des Friedens, Du endigtest durch Mord!

Gertraud.
Pfui Mord, wie entsetzlich, grauenvoll das klingt, kaum, daß das Ohr den Klang erträgt.

Agnes.
Wer verübte die Bluttat, sagt?

Gertraud.
Nennt den Mörder!

Tannenburg.
Schnellerts!

Agnes
Gertraud. } Entsetzlich!

Tannenburg.
Noch viel Schlimmes hat mein Mund zu künden!

Agnes.

Noch mehr, sprecht, wo habt Ihr Robenstein? (Pause.) — Sprecht, martert mich nicht durch Euer Schweigen.

Tannenburg.

Er lebt.

Agnes.

Gelobt sei Gott! Sei es was es wolle, ruhig bin ich, ich weiß, daß er mir lebt, ich bin gefaßt auf alles.

Tannenburg.

Mit seinen Knechten überfiel der tückische, feige Schnellerts Euren Vater und Robenstein. Die Ueberzahl blieb Herr, Euer Vater ward erstochen — (Heftige Erregung der beiden Frauen.) und Euren Mann, von den Knechten übermannt, beschimpfte der feige, tückische Schnellerts!

Agnes.

Der Bube!

Gertraud.

Elender, feiger jämmerlicher Wicht!

Tannenburg.

Ich war nicht zugegen bei der Schandthat; auch Euren Mann, ihn sah ich nicht seitdem. Verstörten Blicks, mit bleichem Antlitz und zerzaustem Haar, sah man durch Heidelberg ihn reiten. Wüthend jagte er durch die Stadt, suchend den Schnellerts! Ich eilt hierher, so rasch mich meines Pferdes Hufen trugen, um Euch die Nachricht von der Unthat, eh er selbst hier anlangt, zu verkünden und weiteres Unheil zu verhüten —

Agnes.

Gott wolle, daß es nicht zu spät schon ist.

Claus, der Wildhübner tritt mit verstörtem Aeußeren ein.

Sechste Scene.

Claus.
Herrin, hört, was ich gesehen, doch wacht über Herz und Athem, auf daß beide nicht mit Einemmale Euch den Dienst versagen.

Agnes.
Ich unglückliches, jammervolles Weib!

Claus.
Wißt, Eur' Mann, er ist von Sinnen, wirren Geist's sah' ich im Wald ihn irren.

Agnes.
(Nach einer Pause furchtbarer Erregung.)
Erzählt, ich höre!

Claus.
Es war im fürchterlichsten Wetter, als unweit meiner Hube, ein lebig Roß ich irren sah. Ich ging d'rauf zu, schon von weitem erkannt ich's, es war der Rappe meines Herrn. Das Thier war müd' und hungrig, gebulbig ließ sich's führen. Ich faßt's am Zaum, und es grüßt mit Wiehern den warmen Stall.

Ich fürchtete ein Unglück, das dem Herren zugestoßen. Schnellerts ist sein Feind dacht' ich, vielleicht, daß er ihn überfallen und hülflos find' ich ihn verwundet. Bei Sturm und Regen, die den Weg mir streitig machten, ging ich voran auf der Straße, von wo das Roß gekommen.

Ich war nicht weit gegangen, so sah ich meinen armen Herrn.

Mit bloßem Haupt irrt er daher, zerkratzt die Stirne von den Zweigen, die er auf seinem Ritt gestreift. Die Haare vom Wind zerzaust, lief er stieren Blicks daher, indeß die dicken Regentropfen und Hagelkörner ihm das Gesicht zerpeitschten. — Ein Anblick war 's zum Steinerbarmen.

Agnes.
O unerhört ist unser Elend!

Herr, Herr sprach ich, kennt Ihr mich? Er sah mich lange starr an, fuhr sich mit der Hand über die Augen und rief:

„Dich kennen, ich mag Dich nicht kennen. Gehe, Du hast graue Haare, hüte Dich, daß man Dich nicht todtschlägt. Pfui alter Mann!"

Drauf redete er wirre Worte durcheinander und sprach Verwünschungen und Flüche so entsetzlich, daß mir heimlich grauste. Endlich sank er vor mir unter einem Baum zusammen. „Laß mich ruhen," sagt er, „die Sonne brennt so heiß, der Himmel ist ein Feuermeer, ringsum sengt die heiße Lohe, laß hier Schutz mich suchen."

Tannenburg.

Welch Schicksal!

Agnes.

Barmherziger Gott!

Gertraud.

Unglückseliger Mann!

Claus.

Er schlief ermüdet in dem Wetter ein und als ich sein Gesicht betastete, da glühten fieberheiß die Wangen und die Stirne.

Es donnert und stürmt draußen.

Agnes.

Folgt mir; bringt Licht, bringt Fackeln, draußen tobt der Sturm, ein greulich Wetter wüthet, doch ich fürcht es nicht. Ihm gilt's jetzt Hülfe bringen. Wüthet zu Ihr Furien der Luft, und ließet Ihr auch alle Eure Künste los, eines Weibes Liebe ist kein Opfer doch zu groß!

Siebente Scene.

Rodenstein tritt auf.

Rodenstein.

Es wallt in mir in hohen Wellen, wie das große Meer.
Die Rachegeister schweben um mich her, ein wildes, wüthend Heer.
Verlockend klingt an mich heran, der Walkyren wilder Schlachtgesang.

Dunkele Gestalten sind mir nah
Feuer speien ihre Augen,
Bleich und finster ist ihr Gesicht.
Düster, blutbefleckt ihr Kleid!
Sie reichen mir die bleiche Geisterhand
Bleibt weg — es grauſt mich,
Kommt nicht so nah an mich heran
O weh, es hilft kein Zagen und kein Weichen,
Sie ziehen mich in ihren fürchterlichen Reigen
Was wollt Ihr von mir? — Ihr Entſetzlichen!
Alle Sehnen ſchüttelts mir;
Eiſig kalt berührt mich Eure Nähe.
Geht voran, weiter, weiter
— Laßt mehr Raum mir
Ich folg Euch dennoch!
Nach einer großen Pauſe, ſtarr die anderen anſehend.
Was grinſt Ihr ſo mich an? Pfui, ſo kalt iſt der Empfang, nur weil ein Bube mich entehrt.

Agnes.

Albrecht, lieber Mann, welch' finſtrer Argwohn quält Dich. Sei ruhig, ſaß Dich, Du biſt bei den Deinen, Dich umarmt ein liebend Weib.

Rodenſtein.

Mein Weib ſagſt Du. Sag ihr, daß ihres Oheims weißes Haupt aus der Todeswunde blutend ich vor mir liegen ſah, und daß ich noch nicht gerächt den alten Mann.

Agnes.

Sei ruhig Rodenſtein, vergiß die ſchaudervolle That, an der Du ſchuldlos biſt. Denk an Dich, denk an Agneſe. Du biſt krank und müde, komm laß Dich nieder.

Rodenſtein (ſich auf ein Lederpolſter niederlaſſend).

O ja, todtmüd' bin ich; laßt mich ruhen, ruhen bis in die Ewigkeit.

Agnes.

Albrecht, vergiß doch Deinen Schmerz. Sieh' um Dich, Sieh' die Deinen, Sieh' ich bin's, Deine Agnes, die Dir ruft.

Rodenstein (zu sich kommend).

Wie wüst ist mir im Kopfe, bleischwer sinken die Glieder an mir herab, als ob aus langem schwerem Traum ich eben erst erwache.

Agnes.

Nein, Du träumst nicht, Du wachst, ermanne Dich mein Albrecht.

Rodenstein.

Es däucht mir, als sei es Agnesens Stimme, die mir ruft.

Agnes.

Ja Deine Agnes ist es, die an's Herz Dich drückt!

Rodenstein.

Wo war ich, wo bin ich?

Agnes.

Zu Hause bist Du, bei den Deinen, sieh hier mich, sie Gertraud hier, sieh Tannenburg.

Gertraud.

Laßt die finsteren Gedanken, herzlich willkommen heißen wir Euch Schwager!

Tannenburg.

Gott zum Gruße Vetter Rodenstein.

Claus.

Willkommen gnädiger Herr!

Rodenstein.

Schwer wird mir's, daß ich mich wieder heimisch bei Euch fühle. Fürchterliche Dinge sind geschehen, deren Gedächtniß bergschwer auf mir lastet.

Agnes.

Laß Deine Schwermuth Albrecht. Erhole Dich, gewinne Ruh' und Fassung; die Unbill, die Dir widerfahren, vergelt' ich Dir vieltausendmal durch meine Liebe. Komm mit, sei mein, wie damals, als auf der frohen Waldjagd sich unsere Herzen fanden. Sei wieder, was Du warst, der treue Rodenstein!

Rodenstein.

Wie wird mir. Welcher Ton schlägt an mein Ohr. Ja Du bist's Agnes, ja theures Weib, ich hab Dich wieder. Wie konnt ich Dein vergessen Du treue Seele. Dein Auge blickt so hold, so fromm zu mir; Agnes, Agnes, der ganze Himmel ist mit Dir.

(Umarmt sie.)

Agnes.

Theurer Mann, mein bist Du wieder. Vergiß nun das Geschehene, laß nicht zu dem Oheim, dem väterlichen Schützer, mich nicht den Gatten noch verlieren.

Rodenstein.

Sagt mir, was thu' ich, was beginn ich? Mein ganzes Wesen ist im Zwiespalt. Laut schreit es in mir Rache, Rache für den erlittenen Schimpf, zuweilen rast mein Blut, daß ich Euch, mein Weib und mich selbst nicht kenne. Dann seh' ich Dich wieder, Dich Du treues Weib, das liebend mir entgegenkommt!

Wie, sagt's in mir, was willst Du thun; um eines Buben willen, willst Du diese fromme Seele kränken; sie in Angst und Bangen stürzen. Nein, thu's nicht, so ruft's mir; es erwachen in mir sanfte Triebe und bitteren Haß besiegt die allgewaltige Liebe.

Agnes.

O hör' sie Rodenstein, die gute Stimme, die Dich mahnt. Folg ihr! Gehorch' den zarten Regungen des Herzens. Ein kleines Fünkchen Liebe bringt mehr Freud' und Segen als alle Flammen glühenden Hasses.

Tannenburg.

Rächt Euch an Schnellerts, dadurch, daß Ihr ihn beschämt durch Euren Eifer für's gemeine Wohl. In wenig Tagen ziehen wir zu dem Kaiser. Beschämt dann Euren Feind, der keine Heerfolg leistet, durch die Lorbeern, die Ihr unter des Kaisers Fahnen sammelt.

Achte Scene.
Verschiedenartig bewaffnete und gekleidete Lehensleute Rodensteins hereinstürzend.

Erster Lehnsmann.
Herr, Gerechtigkeit, die Schnellert'schen ziehen raubend und plündernd in Eur' Gebiet und führen das Vieh uns von der Weide!

Zweiter Lehnsmann.
Nach Kainsbach sind sie eingedrungen und brannten die Gehöfte nieder.

Dritter Lehnsmann.
Die Mühlen bei Eberbach, sie sind zerstört.

Alle Lehnsleute.
Sühne Herr, Rache fordern wir!

Neunte Scene.
Abt, der die letzte Scene auf der aufwärts führenden Treppe im Hintergrunde mit angehört, rasch vortretend.

Abt.
Haltet ein Ihr Thoren, an Eure Hütten denkt Ihr wenn das Reich in Flammen steht!

Erbärmliche, denkt an das Obdach, das uns alle schirmt und wenn 's sein muß, laßt fahren Eure ganze Habe.

Lehnsleute murren und schlagen mit den Waffen aneinander.

Abt.
Ruhe gebiet ich Euch. Volle Sühne soll Euch werden, ich versprech's Euch, im Namen des Herrschers von der Pfalz und aller Fürsten und Herren, die zum Kaiser stehen; doch heut erfüllet Eure Pflicht und leistet Heerfolg' mit Eurem Herrn. Noch ist stark genug das Reich gegen Räuber Euch zu schützen.

Erster Lehnsmann.

Ihr seid unser Schirmherr Ritter, wir sind Euch Heerfolg' schuldig und Ihr dagegen uns Schutz gegen jedwede Unbill. Wir haben gegen Euch die Pflicht erfüllt, Noth und Gefahr mit Euch getheilt, erfüllt nun die Eure!

Geräusch der Waffen, Trompetensignale, der Saal füllt sich mit Bewaffneten.

Rodenstein.

Haltet ein; Ihr kennt mich nicht als eine Lammsnatur, es braucht nicht viel um meinen Zorn zu wecken. Die Sühne soll Euch werden!

Abt.

Denk' an Deinen Eid, denk an die Noth des Kaisers.

Agnes.

Ja, auch ich mahn Dich an den Kaiser. Zum Kaiser sollst und mußt Du ziehen, nicht aber in elender Fehde Deine Kraft vergeuden. Der innere Hader schwächt die Macht des Reichs und ruhmlos endigt der, der durch ihn fällt; allein geweiht für alle Zeiten ist die Stätte, wo ein deutscher Krieger für seines Volkes Wohl sein Blut vergoß.

Lehnsleute zusammen.

Gerechtigkeit, Sühne, Rache!

Abt
Agnes
Tannenburg } Friede, Friede!
Gertraud
Claus.

Rodenstein.

Wenn ich auch Frieden halten wollte, ich kann es nicht, das Schwert es wird mir in die Hand gezwungen.

    Auf, auf Ihr Mannen, freut Euch nun
    Wir bereiten eine Rache groß und schwer
    Und sprechen soll man noch in späten Tagen
    Von dem Rodenstein und seinem Heer!

(Will fort, es blitzt, donnert und der Wind braust.)

Claus.
Gnäd'ger Herr haltet ein. Denkt an das Unwetter draußen. Ein furchtbarer Sturm zerpeitscht den Wald und hundertjährige Eichen sinken entwurzelt jäh zusammen. Blitz und Donner rasen durch die Lüfte, all' ihre Teufel hat die Hölle losgelassen.

(Es donnert und blitzt.)

Rodenstein.
Die Furien sind es, die mir helfen; ich kann nicht anders ich muß. Darnieder schmettr' ich den, der 's wagt an meiner Rache mich zu hindern.

Tannenburg.
Folg den Unholden nicht, die Dich locken. Denk an das Ende. Rühmlich ist ein Schlachtentod, der Tod für's Vaterland, ein ganzes Leben nutzlos verbracht, vermag er aufzuwiegen. Selbst Schimpf und Schande tilgt er, alles wird verziehen, dem der ihn starb und dankbar winden wir den Lorbeer ihm um seine Schläfe. Aber dem, der seiner Rachbegierde folgend, in eigener Fehde fällt, ihm winken keine Siegeskränze. Ruhmlos sinkt er hinab in's Grab. Er ist ein Störer des Friedens und Brecher des öffentlichen Rechts und Verwünschungen ruft wach sein Name.

Claus fällt Rodenstein zu Fuß.
O bleibt, bleibt, hört diese Stimme, sie spricht wahr.

Gertraud klammert sich an Rodenstein.
Hört Ritter, auf des Freundes Mahnung, geht nicht, bleibt.

Agnes.
Zu Deinen Füßen fleh' ich, folge nicht! bleib hier.

Rodenstein.
Laß mich Weib. Umklammere mich nicht so. Und fielen alle Heiligen mir zu Fuß, ich kann nicht anders, ich muß ich muß.

Die Bewaffneten geben Zeichen der Unruhe von sich und schlagen die Waffen aneinander.

Tannenburg.

Denk an die Noth des Kaisers! Noch nicht bezwungen ist die Veste Alessandria. Ezzelin, der Mönch und Anselm von Doara ziehen mit einem mächtigen Heer heran und bedrohen die kaiserliche Macht.

Rodenstein.

Bin ich verdammt um Kaisers Willen ewig Schimpf und Schmach zu dulden?

Abt.

Ja, ja, das bist Du, sind wir alle schuldig. — Von seinen Edlen verlassen, zog einst ein deutscher Kaiser nach Italien und that barfuß und im Sünderhemde Buße im schneebedeckten Schloßhof zu Canossa.

Ihr Edlen habt mehr erniedrigt das Reich, mehr Schimpf und Schmach gehäufet auf sein Haupt, als es nur je sein schlimmster Feind vermocht.

Erster Lehnsmann.

Schutz und Schirm für Haus und Hof verlangen wir.

Zweiter Lehnsmann.

Helft uns Ritter, Sühne, Genugthuung!

Alle Lehnsleute.

Sühne, Genugthuung, Rache!

(Murren und Aneinanderschlagen der Waffen. Fanfaren.)

Abt.

Ihr Jämmerlichen, die Ihr taub seid gegen meine Gründe! Ist elend und ohnmächtig unser Reich, so kann's auch Euer jämmerlich Besitzthum nicht mehr schirmen.

Tannenburg.

Denkt Rodenstein, denkt was feierlich Ihr einst gelobt dem Kaiser.

Rodenstein.

Jede Pflicht, auch die gegen das Reich hat ihre Grenzen.

Ich habe eine Pflicht erst gegen mich — meine geschändete Ehre, die heischt Rache und eine Pflicht gegen meine Schutzbefohlenen, denen Sühne ich schuldig bin, für die begangene Unthat.

Hier stehen **Pflichten** gegen **Pflichten**.

Bin ich ein zu treuer Diener meines Kaisers, bin ich ein schlechter Herrscher meiner Unterthanen, über die ich dem allmächtigen Gott Rechenschaft einst schulde.

Abt.

Weh' Dir, wenn über diese Pflicht die größeren Pflichten Du versäumst. Deutschland muß mitsprechen in dem **Rath der Völker**, aber Du und Deine ganze Herrschaft Rodenstein bist **nichts**, und kaum hast Du gelebt, bist Du **vergessen**.

Eine Planke bist Du von dem Schiffe, das von Stürmen gejagt auf dem großen Meere segelt. Für sich ist diese Planke nichts, ohnmächtig und steuerlos treibt sie auf den Wellen, gehorchend dem blinden Zufall. Nur dadurch, daß Du zu dem **großen Bau** gehörst, hast Du Bedeutung.

Wehe, wenn Du dies vergißt, wenn Du Dich der Pflichten lebig glaubst, die an das Reich Dich ketten.

Wehe, wenn durch Dich das stolze Schiff zerschellt.

Wehe, wehe, ein Name der Schmach ist dann der Name Rodenstein!

Zehnte Scene.

Schnellerts von Außen.

Schnellerts.

He! — Rodenstein — Rodenstein!

Rodenstein.

Verflucht sei diese Stimme!

Agnes
Abt   } Schnellerts!
Tannenburg.

Rodenstein an den Erker stürzend.
                                           Blitz.
Er ist's. Hell beleuchtet ihn der Blitz und es zeigt mir der Bube sein grinsend, boshaft Angesicht.

Schnellerts.
Ich wollt nur hören, ob Du wohl nach Haus gekommen und ob Du Lust trägst, bald wieder mit mir anzubinden?
Gut Nacht für heut' mein Rodenstein, bleib' fein bei Deinem Turteltäubchen und schon hübsch Deine Glieder. Unter Lachen ab.
                                        (Es donnert.)

Rodenstein das Schwert ziehend, will fortstürzen.
Elender, Dich erreicht noch meine Rache!

Agnes sich vor ihn stellend und ihm den Weg sperrend.
Du bleibst. Vor Allem geht die gemeinsame Gefahr. Du gabst mir Dein Ritterwort darauf, nie ohne meinen Willen auf Fehde auszuziehen; feierlich gelobtest Du, nie mehr Deinem wilden Ungestüm zu folgen und nur des Kaisers Dienst Dich noch zu weihen. Ich glaubte Dir und reicht Dir meine Hand, vertrauend dem Versprechen. Feierlich gemahn' ich heut' Dich an **Dein Wort**.

Rodenstein.
Solch Bubenstück, wie Schnellerts es verübt, zernichtet alles, entkräftet jedes Wort und löset jede Pflicht. Eine Schandthat ist's, wie Niemand sie geahnt, vorausgesehen.
Weg sag ich, weg jetzt Weib, sperr' nicht länger mir die Schwelle!

Agnes.
Nicht weiche ich von hier, Riesenkraft fühl' ich in mir.
Ich beschwöre Dich, bei allem, was Dir heilig, bei meiner Ruhe meinem Frieden, meiner Liebe, bei dem Pfande dieser Liebe, das ich unter meinem Herzen trage! Ich beschwör Dich bleibe.

Rodenstein.
Taub bin ich gegen Deine Klagen, **schweig'** und gib Raum!

Agnes.
Mit hundert Armen umklammr' ich Dich! —

Rodenstein.

Gib Raum sag ich!

Agnes.

Nur über meine Leiche verläßt Du diese Schwelle!

<small>Rodenstein schleudert sie von sich.</small>

<small>Agnes stürzt mit einem jähen Schrei zusammen.</small>

Rodenstein.

Thöricht Weib!
Weh' dem, der noch entgegen mir sich stellt.
Hölle rase, Furien schaltet,
Triumph, Triumph, frei ist nun die Bahn,
Ihr Mordgesellen, auf zum Werke jetzt, voran!

<small>Abt und Gertraud halten Agnese. Claus und Tannenburg stehen entsetzt neben der Gruppe. Im Hintergrunde gehen Rodenstein und die Seinen unter lautem Waffenklirren ab.</small>

~~~~~~~~~~

Vierter Akt.

Erste Scene.

Zelt des Rodenstein.

<small>Rodenstein geharnischt an einem Tisch sitzend.</small>

<small>Erster Lehnsmann tritt ein.</small>

Rodenstein.

Wie lang hält sich die Burg noch. Schon acht Tage liegen vor dem Nest wir und versäumen unsere Zeit!

Lehnsmann.

Wie verzweifelt wehren sich die Schurken. Kaum ist's möglich dem Schloß zu nahen; ein Regen von Steinen und Pfeilen fliegt sofort hernieder und unmöglich ist's die Leitern anzulegen.

Rodenstein.
Unmöglich, nichts ist unmöglich dem beherzten Kriegsmann. Bis Morgen muß die Burg gefallen sein.

Lehnsmann.
Ihr Fall ist uns gewiß. Neuer Zuzug traf bei uns ein, ein Fähnlein das den Weg nimmt, zum Kaiser nach Italien. Des Geheimnisses des griechischen Feuers sind sie kundig, das ihr Hauptmann erlernt hat zu Byzanz. Bereit ist alles schon zum Sturm. Große Haufen Tannenreißig sind aufgeschichtet, stockwerk hoch, dicht an der Mauer. Sie stehen schon in Brand und senden Rauch und Flammen in das Schloß, indeß Feuerpfeile, die man in's Dachwerk schoß, an allen Ecken es entzündet. Des Schnellerts Leuten fehlt das Wasser zum Trinken, geschweige denn zum Löschen, und von Durst und Rauch gepeinigt, erlahmt mehr und mehr ihr Widerstand.

(Man hört einen dumpfen, unheimlichen Kriegsmarsch hinter der Scene. Die Musik spielt am geeignetsten einen Marsch nach Art des Hochzeitsmarsches Lysiarts aus dem 3. Akt von Webers Euryanthe.)

Rodenstein.
Horch, Trompeten, Paukenwirbel! Was gibt es?

Lehnsmann.
Deine Schaaren sind es, die zum Sturm sich ordnen.

Rodenstein.
Erwartet mich sofort, geh' und verkünde meine Ankunft.

(Lehnsmann ab.)

Zweite Scene.

Rodenstein.
Hört der Musik zu und beginnt gegen das Ende des Marsches zu sprechen.

Zerrissen, düster, unheimlich wie die Weise, die an mein Ohr tönt, malt sich mir mein Inneres.

Wie schaudere ich bei diesen Paukenwirbeln, statt wie Freude, klingt's wie Mahnung des Gerichts.

O Rodenstein, wohin hat Dich Dein wilder Zorn geführt. Wie elend, wie namenlos unglücklich hast Du Dich gemacht.

Eidbrüchig bist Du Deinem Weib und vielleicht wirst Du's Deinem Kaiser, Du einst der Stolz des Heeres, des Adels Zierde, Pfui, entsetzlich!

Ich armer, schwacher Mensch, ich dünkte mich ein Mann zu sein und mußt' gleich bei der ersten, schweren Prüfung schmählich straucheln.

Und frag ich, wie sollt ich anders. Verschwur sich nicht die ganze Hölle gegen mich. Alles drängte mich zu dem Zug, von dem nun keine Umkehr möglich ist.

Umkehr, nein, nimmermehr! Mein Kriegsvolk sieht auf mich, man erwartet den Sturm. Doch noch hege ich einen Funken Hoffnung! Heute Nacht ist unser schon die Veste. Morgen geh' ich, erlange die Verzeihung meiner Gattin und geh' dann beim Kaiser mein verpfändet Wort zu lösen.

Dann, dann ist wieder frei mein Herz beruhigt mein Gewissen und überstanden diese Qual.

Und wenn die Reue zu spät ist.

Zu spät. Verflucht sei der Gedanke, der mir da kam. Doch sei es auch, ich führ es muthig durch. Mag, wie es will mein Schicksal sich vollenden, ein Rodenstein soll nicht als Feigling enden.

Dritte Scene.
Abt tritt ein.

Abt.

Du bist bleich, aufgeregt, verstört. Ja das ist 's, das ist der Fluch der Missethat, die auf Dir ruht, denn siehe der Gottlose flieht und Niemand jagt ihn, der Gerechte aber ist getrost wie ein junger Löwe!

Rodenstein.

Laß mich, mahn mich nicht an meine That. Was geschehen ist, ist geschehen und Vorwürfe sind zu spät jetzt.

Was ich begonnen, ich muß es jetzt vollenden!

Abt.

Deine Reue ist keine Reue, wenn Du in Deinem Thun beharrest. Kehr' um und rette Deine Seele, so lange Du noch kannst.

Rodenstein.

Ich sag's Euch nochmal, aufrichtig reut mich meine That; doch sagt mir, wie konnt ich anders, als ich that und bin ich auch schuldlos nicht, so bin ich doch entschuldigt.

Seht Abt, auf eine harte Probe warb' ich gestellt, und ein besserer wäre dabei gestrauchelt.

Ich selbst beschimpft, entehrt, meine Unterthanen geschädigt und gefährdet, schreien Rache und ich soll so mein ganzes Selbst verläugnen und der Versuchung widerstehen.

War es recht und billig an mein Versprechen mich zu mahnen, in dem Augenblick, wo mein Feind mich töblich kränkte. Nein, nimmermehr wagt es und zeiht mich einer Schuld!

Abt.

Nicht das Versprechen, das Du Deinem Weibe brachst ist's das ich Dir zum Vorwurf mache, Du brachst den Eid, den Du geleistet einst dem Kaiser, wofür Du Deiner Seele ewiges Heil verpfändet.

Dieser Eid ist's an den die Pflicht zuerst Dich mahnen mußte, denn groß ist die Gefahr und hoch bist Du gestellt im Reiche. Groß ist die Verantwortung, die auf Dir ruht, und groß ist auch die Strafe, die Dich trifft.

Das ist der ewige Fluch, der auf unserem Volke lastet, daß immer Haß und Eifersucht uns blendet.

Sieh hin, Unglückſel'ger, sieh' hin nach Frankreich, da ist kein Fürst kein Herzog, der mächtig genug wäre, mit dem König einen Strauß zu wagen.

Hielten wir Deutsche nur das eine Stück, es stünde wohl um uns.

Zerhauen und zerstückelt ist unser Reich und das, das ist's, was uns verbirbt.

Ihr Fürsten, ihr zerret und streitet Euch untereinander und vergeßt, was uns Noth thut.

Der Kaiser muß sich an Euch hangen und Euch zusprechen und Euch bitten und Ihr hangt Euch nicht an ihn und laßt ihn hülflos in der Noth.

5*

O es steht schlimm um's deutsche Reich!

Daß Du taub warst gegen diese Noth, darum bist Du ver=
dammt.

Männer braucht unser Volk in dieser großen Zeit und schwer
gestraft wird jeder der seine Pflicht vergaß, zeitlich und ewig
aber wenn er hochgestellt!

Rodenstein.

Noch hab' ich meinen Eid dem Kaiser nicht gebrochen. Noch
hoff' ich, daß alles sich zum Guten wendet.

Heute Nacht ist des Schnellerts Veste unser, dann brech' ich auf,
führe meine Schaar nach Welschland, doch zuvor eil' ich nach Hause
und erlange die Verzeihung meiner Gattin.

Gesühnt und vergeben ist dann Alles.

Abt.

Deiner Gattin, wisse von ihr gesendet komm ich. Ein hitzig
Fieber hat sie auf's Krankenbett geworfen und sehnlichst verlanget sie
nach ihrem Gatten. Kommt, kehrt um, noch ist es Zeit, kommt,
folgt mir nach Rodenstein.

Rodenstein.

Jetzt im Augenblicke, nein unmöglich! Ihr verlangt zu viel.

Jetzt soll meinen Feind ich mir entwischen lassen, um dessent=
willen ich meine Ehre, mein alles auf das Spiel gesetzt, um dessent=
willen ich den verwünschten Zug gethan, jetzt, wo ich ihn unentrinn=
bar fest in meinen Händen habe; Nein, verlangt es nicht, denn
unmöglich ist es.

Abt.

Was drängt Dich zu der Schauderthat. Denk' ihr Leben zählt
nur noch nach Stunden; an ihrem Bette hält der Todesengel schon
die Wache. Erlange ihre Verzeihung ehe es zu spät ist; Eile, Eile,
kehre zurück zu dem Herrn, denn er ist nicht mit Dir.

Lehnsmann hereinstürzend.

Herr, als wir zum Sturm uns rüsteten, da brach ein starker
Haufe des Schnellerts aus der Burg und bringt vor mit Macht.

Rodenstein zu dem Abt.

Du siehst, es soll nicht sein. Mein Schicksal ruft, ob zum Siege, zum Verderben ich meine Schritte lenke, noch weiß ich's nicht, doch nimmer darf ich an Umkehr denken; Unwiderstehlich drängt mich's, daß, was ich begonnen, ich vollende.

Sagt meinem Weib, daß meine That mich schwer gereue, sagt ihr den letzten Gruß von mir: Ich müßt allein sie sterben lassen, aber hier wollt ich ihr eine Leichenfackel anzünden, wie noch keiner Fürstin sie geleuchtet; bis nach Schloß Rodenstein sollt ihr Schein hinüber bringen.

Lebt wohl; Herr Abt, ich geh' mein Werk jetzt zu vollenden, noch hoff' ich alles gut zu enden!

(Rodenstein mit Lehnsmann ab.)

Abt.

Vergeblich ist Dein Hoffen. Unrettbar wandeltst Du abwärts auf dem Pfad des Bösen.

„Ich habe meinen Frieden von Dir und den Deinen genommen," spricht der Herr, „sammt der Gnade und der Barmherzigkeit, und Ihr sollt sterben und verderben und weder beklaget noch begraben werden, sondern Ihr sollt Mist werden auf dem Lande und sollt durch Schwert und Hunger umkommen und Eure Leichname sollen den Vögeln des Himmels und den Thieren zur Speise dienen!"

(Abt ab.)

Verwandlung.

Vierte Scene.

Im Hintergrund sieht man die brennende Burg Schnellerts mit Thoreingang. Aus den Dächern und Fenstern schlagen die Flammen heraus.

Männerstimmen in der brennenden Burg.

Wehe, Wehe, Wehe!

Frauenstimmen.

Hilfe, Hilfe.

Männer und **Frauen** aus der Burg stürzend.

Erbarmt Euch, Gnade, Gnade!

Fliehende **Reißige** des Schnellerts stürzen auf die Scene.
Rettet Euch, wir sind verloren!

Führer der Schnellert'schen.
Wehrt Euch Hallunken, vorwärts.

Hinter der Scene Trommelwirbel, Hornsignale.

Die **Rodenstein**'schen auf die Scene stürzend.
Nieder die Schufte, Vorwärts, Mordio!

Gefecht.

Fünfte Scene.
Schnellerts, nachher Rodenstein.

Schnellerts zu den Seinen die zurückweichen.
Steht ihr Feiglinge, in Teufelsnamen steht, den ersten, der zurückweicht, den durchbohr' ich.

Führer der Schnellert'schen.
Verdammte Racker, vorwärts, sag ich!

Die Schnellert'schen weichen.

Die Rodenstein'schen bringen auf Schnellerts, der allein ist, ein.

Sechste Scene.

Rodenstein auf die Scene stürzend.
Haltet ein, keiner wag mir's Hand an ihn zu legen. Ich selber will dem Satan diese Beute schicken und wer nur ein Haar ihm krümmt, den sende ich zur Hölle!

Schnellerts.
Spar Dein Prahlen, ich bin keine Memme, auch ich sehn' mich nach dem Augenblicke, wo ich mein Schwert in Deine Eingeweide renne. (Sie fechten.)

Rodenstein.
(Sticht dem Schnellerts in die Brust.)
Fahr' zur Hölle Schurke!

Schnellerts.
Weh mir, ich bin getroffen. Fluch Dir Rodenstein!
(Stürzt zusammen.)

Rodenstein.
Fluch unten bei dem Satan ekler Bube. GiftigeNatter, der ich den Kopf zertrat.

Schnellerts sich aufrichtend.
Und die dabei Dich biß. Du bist verwundet!

Rodenstein auf seinen Arm blickend.
Ja Deine Klinge streifte mich.

Schnellerts.
Hölle hab' Dank!
— — — — —
Meinen Degen taugt ich in töblich Gift.
— — —
Ich bin gerächt!

Rodenstein.
Stirb armer Thor. In wenig Tagen ist die Schramme schon vernarbt, eh' Du nur im Grabe faulst.

Schnellerts richtet sich ergrimmt auf, will noch einmal antworten, stürzt aber todt zusammen.

Rodenstein.
Hört Ihr Männer, mein Rachewerk ist nun vollbracht; Rüstet Euch zur Umkehr, brecht ab das Lager.
Zu schönerem Kriegszug, auf dem uns Glück und reiche Ehren winken, macht Euch jetzt bereit. Nach Italien zu des Kaisers Heer geht unser Weg.

Man hört den dumpfen Gesang des de profundis in der Ferne.

Horch, was ist das? Welch entsetzlich schauerliche Klage, die mir durch Mark und Beine schneidet.
Was bedeutet der Gesang, jetzt um die Mitternacht?

Siebente Scene.

Claus tritt auf. Später Tannenburg, Agnes und Gertraud

Claus.

Herr Eur' Gattin naht. In des Fiebers Gluth entsprang sie ihrem Lager. Geführt von ihren Frauen kömmt sie, einem Leichnam gleich, der des Sarges Hülle hat gesprengt, wandelt sie den Weg nach Schnellerts.

Tannenburg.

Weh' Dir Rodenstein, Mörder Deines Weibes.

Rodenstein.

Du lügst, schweig' oder ich zerschmettere Dir den Schädel.

Agnes von Gertraud und einem Caplan geführt, gefolgt von Frauen tritt auf.

Agnes.

Zurück Verworfener!

Rodenstein.

O weh, was seh' ich, mein Weib, was drohst Du mir? Weich von mir bleiches Schreckgespenst!

Agnes.

Höre Rodenstein, dem Tode nah, höre meine letzte Mahnung und mehre nicht die Summe Deiner Frevel. Zum Uebermaß ist schon gefüllt die Schale Deiner Sünden auf der Richterwage des allmächtigen Gottes.

Du brachst Dein Wort, das Du mir einst gegeben; ich verzeih' es, denn Du wardst schwer gekränkt.

Schnöd hast Du mich dann mißhandelt, ich verzeih es wieder, denn Du hast schwer dafür gebüßt.

Allein Du schwurst auch einen heiligen Eid dem Kaiser, ihn hast Du freventlich gebrochen, des Reiches Noth vergessend.

Der Kaiser ward besiegt. Verlassen von dem Adel des Reichs, der gleich. Dir das gemeine Wohl mißkannt, mußt er dem Feind sich unterwerfen, so sagt mir's mein inneres Gesicht.

Schwere Schuld fällt jetzt auf Dich!

So sei darum verdammt im Grab nicht Ruh' zu finden
Und wenn Kriegsnoth droht dem Reich,
So soll'st Du es dem Volke künden,
Durch nächt'gen Kriegszug geisterbleich.
Ohne Rast und Ruh
Sei fortan ein Warner Du,
Ein mahnend Beispiel Dem,
Der ob innerem Zwist,
Des Vaterlandes Noth bergißt.
Einst, wenn der innere Zwist geschwunden,
Wenn neu das Reich wird aufgebaut,
Wenn ein Kaiser wird gefunden,
Den unser Volk in seiner Herrlichkeit erschaut,
Wenn Welf und Welscher übermannt,
Wenn Welschland durchziehen unsere Heere,
Wenn Schiffe künden unseren Ruhm auf fernem Meere,
Dann sollst auch Du erlöset sein,
Dann geh' zur ew'gen Ruhe ein.
Bis dahin sei verflucht! (Stirbt.)

Gertraud.
Weh Weh', sie stirbt!

Tannenburg.
Ein edles Herze brach, ein tapfrer Mann geht hier zu Grunde, O Rodenstein, zu Großem warst Du ausersehen! Ewig bejammernswerth ist's d'rum, daß so tief Du mußtest sinken!

Rodenstein (sich aufrichtend).
Wahnsinn, welch' Bild lügst Du mir vor.

Es ist nicht wahr, noch leb' ich, noch bin ich Rodenstein. Noch fühl ich Kraft in meinen Sehnen, noch wirkt nicht das Gift der Schlange hier.

Es ist nicht wahr, nicht menschenmöglich, ein Lügengeist der Hölle ist es, der mich trügt.

O Gott, Gott, dahin sollt's gekommen sein. Ich untreu meinem Eid, Nein, nimmermehr. Noch ist's Zeit mein Wort zu lösen, ich werd' es halten.

Ermanne Dich Rodenstein. Auf ihr Männer, auf schirrt die Pferde, blast die Hörner, blast! Heut' Nacht ziehen wir zum Kaiser, es gilt einen wilden, nächt'gen Ritt, zaudert nicht Ihr reitet mit.

Es geht der Rodenstein sein Wort zu lösen. Vorwärts auf, oder seid verdammt mit mir.

Was zaudert Ihr, peitscht Euch nicht die Furcht, die Reue; Auf, fort nach Welschland! (Abt tritt auf.)

Achte Scene.

Abt (feierlich).

Es ist zu spät.

Von seinen Edlen verlassen, unterlag der Kaiser bei Legnano. Heinrich der Löwe hat den Beistand ihm versagt, weil auf ihm ruht' des Papstes Bann. Wenig Getreue nur, zogen ihm zu Hülfe. Die Uebermacht erdrückt' das kleine Heer und nur mit Noth rettet Rothbart das eigene Leben und flüchtete nach Pavia.

Abermals hat Deutschlands Kaiser dem Papste sich gebeugt und schloß schimpflich Frieden!

Zu Venedig, wo der Papst die Messe las, hielt der Kaiser als Stallmeister demüthig ihm den Bügel. Durch die Menge führte er des römischen Bischofs Roß am Zaume und ward belohnt dafür mit einem Segen.

Frohlockend sahens die Mönchlein und Pfäfflein alle. „Vivat Papst Alexander!" schrie der welsche Pöbel.

Deutschland ist erniedrigt. Die große Zeit, wo's galt, unser Reich zu fest'gen und zu bauen, ist versäumt. Versäumt durch Euch, Ihr' Edle und Fürsten!

Gott weiß, wenn je ein mächtiger Kaiser uns wiederkehrt. Laß, Herr im Himmel, laß unser armes Volk nicht allzulange warten, das ist meine Bitte, und laß es diese Lehre nicht vergessen.

Rodenstein stürzt zusammen.

So bin ich denn — — verflucht!

(Stirbt.)

E n d e.

Rodenstein.

Volksschauspiel in vier Akten

von

Ferdinand Dieffenbach.

Neue Bearbeitung.

Im Interesse der Bühne sind einige nicht unwichtige Abänderungen nothwendig geworden, welche einmal eine raschere Herbeiführung und bessere Ausnutzung des dramatischen Conflicts einerseits und eine dankbarere Gestaltung der Rollen anderntheils zum Zwecke haben. Diese Abänderungen betreffen hauptsächlich den **dritten Akt**. Es fallen hier die sechs ersten Scenen weg und die folgende eröffnet als erste Scene den Akt.

Dritter Akt.

Schloß Rodenstein.

Ein Saal im Geschmacke des frühen Mittelalters möblirt. Kein Luxus, einfache hölzerne Tische, Bänke und Stühle mit Lederpolstern. Rechts ein Erker. Im Hintergrunde eine Gallerie mit Treppen und Aufgängen.

Erste Scene.

Es donnert und blitzt heftig. Sturm.
Agnes hereinstürzend, gefolgt von Gertraud und Tannenburg.

Agnes.

Halt ein, halt ein! Du Mann mit Deiner Unglücksbotschaft. Wehe, wehe, grausig Schicksal, wie ward ich von Dir heimgesucht? Nimmer ertrag ich diese Schreckenskunden, die, Berge gleich, auf mich herein sich stürzen und Kraft und Athem mir benehmen. Kaum vermag mein Ohr der Worte grausen Sinn zu fassen; es schüttelt mich wie Fieberfrost und erlahmend stürz' ich, ein ohnmächtig schwaches Rohr, von dem Sturm, der auf mich eindringt, jäh' zusammen!

Der Vater todt, der Mann entehrt, beschimpft; — zu viel, zu viel für eines Weibes Kraft. (Stürzt zusammmen.)

Gertraud.

Welcher Jammer, welche Noth, Herr im Himmel hab' Erbarmen mit dem Flehen eines schwachen Kindes und in unserem Elend send' uns Trost und Hülfe.

Tannenburg.

Unheil furchtbar, verheerend ist dein Schritt, wehe, wo dein Finger anklopft an die Thüre. Mit bangem Athem seh ich dem ent=

gegen, was die nächste Stunde bringt. Gram, du bleicher, entsetzlicher
Geselle, wer rief dich her, was verlockte dich zu stören dieses Hauses
Frieden, ich fühl es, nicht sobald verläßt du diese Schwelle. Oed und
leer erscheint mir dieses Schlosses schmucke Halle, seit das Unglück
durch sie schreitet. Fessellos verschlingt es, fürcht ich, alle, und mit
diesem Hause geht es früh zu Falle!
  Armes Weib, nur mit Angst und Beben wag ich 's Deinen
Schmerz zu stören, doch ich muß es.
  Faßt Euch, seid beherzt Ihr Frauen, ergebt Euch. Ihr bedürft
noch Eurer ganzen Kraft. Der Himmel weiß, was uns das Schicksal
bringt. Seht, ein furchtbar Wetter entrollt sich dort. Wodans Athem
beugt der alten Eichen Wipfel, Thor wirft seinen Hammer, daß die
Felsen von dem Schlage bersten und noch fehlt uns des Hauses Herr,
noch fehlt uns Rodenstein!
(Es blitzt und donnert.)

Getraud.
  Schwester, komm steh' auf, höre mich, bewältige Deinen Schmerz
und gewinne Ruhe und Fassung!

Agnes.
  Verzeiht mir Ritter, wenn mich der Kummer überwältigt. Rasch
bricht das Weib zusammen von der schlimmen Botschaft, die der Mann
mit eherner Ruh' vernimmt. Doch gleicht sie nur der schlanken feder-
kräftigen Birke, die wohl schnell sich beugt, doch schneller noch die
frühere Kraft gewinnt, indeß vom Wind zerzaust der Riesen-Eiche
Aeste knicken.
  Gleich der zarten Birke gestärkt erheb' ich mich, ich ahn's, das
Schicksal bietet einen Kampf mir an, ich nehm ihn auf. Sprecht, wo
ließt Ihr Rodenstein?
(Es stürmt stärker, draußen Blitze, Donner.)

Tannenburg.
  Ich war nicht Zeuge dessen, was geschah. Auch Euren Mann
ich sah ihn nicht seitdem. Nur, was Andere mir berichtet, überbring'
ich. Verstörten Blicks mit bleichem Antlitz und zerzaustem Haar sah
man durch Heidelberg ihn reiten. — Als ich vernommen, was geschah, eilt ich hierher, so rasch mich meines Pferdes Hufen trugen,
um Euch die Nachricht von der Unthat, eh er selbst hier anlangt, zu

verkünden und zu verhüten, daß er in auflodernd raschem Zorne nicht beginnt, was später ihn gereut.

Agnes.

Dank, tausend Dank Euch treuer Freund. So laßt uns denn erforschen, wo der Liebste weilt, durchsucht das Land, schickt Boten aus und bringt mir Kundschaft. Seht her, den Ring hier, das beste Kleinod ist es, das ich mein eigen nenne, mit Freuden geb ich dem es hin, der mir Kunde bringt von meinem Rodenstein.

Die **sechste Scene**, welche zur zweiten wird, bleibt.

Die **siebente Scene** wird zur dritten. Bei dem Auftritt Rodensteins ist, unter Hinwegʼassung des kurzen Satzes nach den Versen, folgende **Prosa** einzuschieben:

Rodenstein zu den Umstehenden, die sich ihm nähern.

Fort von hier — geht mir aus den Augen! — — — An was mahnt Ihr mich?

Agnes.

Rodenstein!

Claus tritt an Rodenstein heran.

Rodenstein zu Claus.

Bist Du auferstanden, Du alter, grauer Mann und folgst mir nun auf meinem Weg. Du stehst vor mir und schüttelst Dein Haupt. Du mahnst mich an meine Schuld! Wohin ich mich flüchte, hu! wohin ich sehe, verfolgt mich Dein greises Haupt und die Erinnerung an meine — — Schmach.

Zurück Alter, zurück! schüttele nicht so Deine weißen Locken, Du bist entsetzlich, wenn Du mich so ansiehst!

Zu Tannenburg.

Und Du, was trittst Du vor mich hin, bleicher Mann, weg von mir, drohe mich nicht so mit dem Blick — Erbarmt Euch meiner.

Weib, was wendest Tu Dich ab? — Wie kalt seid Ihr Alle!? Hab' verscherzt ich Eure Treue, Eure Liebe, sagt ist alles hin — nur weil ein Bube mich entehrt?

O weh, entsetzlich!

* Der weitere Inhalt der Scene bleibt unverändert.

Vierte Scene (früher Achte).

Die Lehnsleute treten auf. Für die Regie bemerke ich zunächst, daß sich dieselben durch Getümmel hinter der Scene und Rufe „Rodenstein, Rodenstein! — Wo ist unser Lehnsherr!" u. s. w. anzukündigen haben.

Fünfte Scene.
(Auftreten des Abt.s.)

Hier hat der Zweite Lehnsmann nach dem Ersten Lehnsmann, pag. 59, zu sagen:

Seht diese Narben, in Eurem Dienst empfing ich diese Wunden, Gedenkt an den Augenblick, wo bei Mailand mein Schild Euch schützte und ich den Streich empfing, der Euch gegolten. Schirmt nun mein Dach, mein Weib und meine Kinder.

Rodenstein.

Haltet ein, nicht bin gewohnt ich Schmach zu dulden, unbefleckt war meine Ehre, unbefleckt bis zu dem Augenblick, wo jener Schnrke sie geschändet. Nicht langen Rufens braucht es mich an meine Pflicht zu mahnen. So hört es jetzt — die Sühne die Ihr begehrt — sie soll Euch werden.

Abt.

Denk an Deinen Eid, denk an die Noth des Kaisers.

Rodenstein, ich mahne Dich! An einen wichtigen Wendepunkt stehst Du! Mit Stolz sieht heute noch das Volk auf Dich, hüte, wahre Dich, daß man morgen nicht Deinen Namen nennt mit Abscheu. Du bist edel, tapfer und an manche gewaltige Schlacht knüpft ruhmerisch sich Dein Name. Ueberlege, was Du zu verlieren hast. Schwer gekränkt ward Deine Ehre und rächen willst Du sie!?

So wisse denn, die höchste Ehre ist die Pflichterfüllung in dem Dienst des Reichs und ewiger Fluch und Schmach dem, der hier fehlt. Und wenn es auch der Beste wäre, der herrlichste an Ruhm; sein Verdienst ist hin, nichts ist sein Name, sobald er einmal fällt. Fluch und Schande jedem, der diese Pflicht versäumt für alle Zeiten.

* Die auf diejenige des Abts folgende Rede der Agnes fällt weg

Gerechtigkeit, Sühne, Rache!

Abt
Agnes
Tannenburg } **Lehnsleute** zusammen.
Gertraud
Claus } Friede, Friede!

Rodenstein.
Gott im Himmel, warum hast Du solche Wahl mir nur gelassen. Wisse Mann, gut meinst Du es mit Deinem Rath, doch wohl dem, der seiner nicht bedarf. Ich bin nicht fähig ihn zu hören. Nachdem, was zunächst ich vor mir sehe bestimm' ich meine Schritte Ich seh' den Schimpf, der mir ward angethan, ich seh' das Elend meiner Unterthanen, das lauter noch als alle ihre Klagen mir entgegenschreit. Diese Stimme ist es, der ich folge! Wohlauf ihr Mannen, wir ziehn nach Schnellerts!

* Rodensteins Rede auf Seite 59 unten fällt weg.

Auf Seite 60 ist an die Stelle der kurzen Rede der Gertraud folgende zu setzen:

Gertraud Rodenstein zu Füßen fallend.
Ritter bleibt, ob Recht Ihr thut, ob nicht, ich weiß es nicht; ein schlicht, einfältig Kind nur bin ich; allein ich fühl es, schwer ist die Verantwortung, die Ihr auf Euch ladet, wenn Ihr im Zorn von hinnen geht.

Die **sechste Scene** früher zehnte: „Schnellerts von Außen", und der Aktschluß wird wie folgt umgestaltet:

Schnellerts.
He! — Rodenstein — Rodenstein!

Rodenstein.
Verflucht sei diese Stimme!

Agnes
Abt } Schnellerts!
Tannenburg

Rodenstein nach dem Erker stürzend.
Er ist's, verwünschter, räudiger Bube! Hell beleuchtet ihn der Blitz und zeigt mir sein boshaft Angesicht.

Schnellerts.

Rodenstein, Du bist so hastig mit dem Wort, zeig' ob dem Wort die That auch folgt. Du Weichling, dessen Kriegsruhm ich nur von Hörensagen kenne und der bei Kaisers Heer im Nachtrab die Lorbeeren auflas, die der im Kampf gefallene Vordermann gepflückt. So leb' wohl mein Rodenstein, bleib fein bei Deinem Turteltäubchen und schon hübsch Deine Glieder. Ha, ha, ha.

(Man hört das Lachen in der Ferne verhallen.)

(Das Arrangement dieser Scene bleibt den Verhältnissen der Bühne überlassen. Am geeignetsten ist es, wenn Schnellerts durch ein großes, gothisches Fenster in der Ferne auf einem Felsen stehend, sichtbar ist.)

Rodenstein das Schwert ziehend will fortstürzen.

Elender, noch erreicht Dich meine Rache!

Agnes sich vor ihn stellend und ihm den Weg versperrend.

Rodenstein, höre mich Dein Weib, das von Gott Dir angetraute. Auf ewig entscheidet, was Du jetzt beginnst, Dein Schicksal. Fürchte das Verhängniß, das bleischwer sich an Deine Sohlen heftet und hinab Dich zieht zum Abgrund von wannen Du nicht wiederkehrst.

Höre nicht des Zornes Stimme, die Dich mißleitet gleich dem Irrlicht, das mit seinem Glanz den Wandrer blendet und ihn zum Verderben führt.

Des Zornes Irrlicht Flamme sie verlockt Dich heute; wohin sie Dich führt, Du ahnst es nicht, hörst nicht die ruhige Stimme der Vernunft. So laß Dir's sagen von mir, die Dein Verhängniß klar vor Augen sieht, den Weg zum **Meineid** willst Du gehen, Dich zernichtend und gefährdend Dein Vaterland.

(Rodenstein will fort, Agnes dringender und klammert sich zuletzt an ihn.)

Laß diese Fehde. Laß Deine Unterthanen Schutz in Deinem Schlosse suchen. Wenige Getreuen werden es vertheidigen. Ich werde ihren Muth befeuern und die Welt soll sehen, was ein deutsches Weib vermag, wenn die höchste Noth das Land bedrängt und der Letzte, der noch zur Wehre greifen kann, zu Hülfe zieht dem Kaiser.

Sieh, wie ich mich hier an Dich klammere, so klammert sich an

Dich der treue Rodenstein, der Du einst warst. Sieh' zurück auf ihn, spiegle Dich an ihm und bleib des Kaisers treuester Vasall.

Ich beschwöre Dich, überschreite jetzt nicht diese Schwelle. Ich flehe Dir zu Füßen, umklammernd Deine Knie, ich beschwöre Dich bei unsrer Liebe, bei dem Pfande dieser Liebe, das ich unter meinem Herzen trage, bleibe, bleibe!

Denk des zarten Sprößlinges, den Du erwartest und des Schutzes, den er noch bedarf.

Bei Deiner Vaterlandes-, Gatten-, Kindesliebe, beschwör ich Dich, zieh' nicht nach Schnellerts, denk' Deines Schwurs und leiste Heerfolg Deinem Kaiser.

Rodenstein.

Solch Bubenstück, wie Schnellerts es verübt, zernichtet alles, entkräftet jedes Wort und löset jede Pflicht. Eine Schandthat ist's, wie Niemand sie geahnt, vorausgesehen.

Weg sag' ich, weg jetzt Weib, sperr' nicht länger mir die Schwelle.

Agnes.

Mit hundert Armen umklammer' ich Dich. Riesenkraft fühl ich in mir. — Höre mich, die deutsche Mutter spricht zu Dir.

Zwei Wege gibts für Dich nur über diese Schwelle. Der eine führt nach Italien zu des Kaisers Heer. Er ist Dir offen, Du betritst ihn ohne Hinderniß begleitet von den Segenswünschen Deines Weibes.

Der zweite führt zu Verrath und Meineid. Nur über meine Leiche kannst Du ihn wandeln und gefolgt von meinem Fluch!

Rodenstein.

Taub bin ich gegen Deine Reden, schweig und gib Raum!

Agnes reißt ihm den Dolch aus dem Gürtel.

Nimm diesen Dolch und tödte mich damit, wenn Du es wagst. Sieh' — hier biet' ich meine Brust, hier ist mein Herz. Mach' verstummen dieses Herz, das voll heißer Liebe Dir entgegenschlug.

Stoß zu, auf daß zum Letztenmal es schlägt! Leichter soll mir der Tod noch werden, als Dir Dein Verrath am Vaterland. An Deine

Sohlen soll mein Blut sich heften und jeder Tropfen aufschreien wider Deine Unthat.

Rodenstein.
Gib Raum sag ich!

Agnes.
Nie und nimmer, nur über meine Leiche verläßt Du diese Schwelle!

<small>Rodenstein schleudert sie mit furchtbarer Gewalt von sich.</small>
<small>Agnes stürzt mit einem jähen Schrei zusammen.</small>

Fluch Dir Mörder! <small>(Leise verhallend gesprochen.)</small>

Rodenstein.
Thörichtes Weib. — Weh' dem, der noch entgegen mir sich stellt, der's wagt auf meinem Wege mich zu hemmen. Mein Theuerstes hab' meiner Rache ich geopfert, was könnte sonst noch Kampf mich kosten. Nun fort nach Schnellerts!

Auf, auf Ihr Mannen freut Euch nun,
Wir bereiten eine Rache groß und schwer
Und sprechen soll man noch in späten Tagen
Vom Rodenstein und seinem Heer!

<small>Abt und Gertraud halten Agnese. Claus und Tannenburg stehen entsetzt neben der Gruppe. Im Hintergrunde gehen Rodenstein und die Seinen unter lautem Waffenklirren ab.</small>

Im zweiten Akt bitte ich zur Erreichung eines effectvolleren Scenenschlusses vor der Verwandlung Folgendes einzuschalten.

<small>(Der Pfalzgraf und sein Hof gehen ab, Frankenstein und Tannenburg wollen folgen. Rodenstein bleibt.)</small>

Frankenstein.
Was stehst Du da, so komme doch und folge.

Rodenstein.
O laßt mich doch, ich weiß nicht, was es ist,
Doch dünkt mich besser sei es hier zu bleiben.

Frankenstein.

Kommt jetzt und folgt mir beide,
Zum Teufel auch mit Widersprechen,
Nächst froher Jagd auf Wald und Haide
Ist Humpen leeren, Speere brechen
Deutschen Mannes schönste Freude!

(Frankenstein mit Robenstein und Tannenburg ob.)